교과 주제로 시작하는

메가
독서 논술

A3

초등 | 1~2학년 | 이웃과 직업

교과 주제로 시작하는
초등 메가 독서 논술 A3

개정증보판 1쇄	2024년 7월 30일
펴낸곳	메가스터디(주)
펴낸이	손은진
개발 책임	김문주
개발	양수진, 최란경, 최성아, 조지현
기획·집필	박선희, 엄은경, 이연희, 이영미, 이정화, 이정희, 장지영, 한화주
그림	김성미, 류미선, 박수정, 이유나, 이일영
표지 디자인	수박나무, 네모점빵
본문 디자인	수박나무, 네모점빵, 배다은
마케팅	엄재욱, 김상민
제작	이성재, 장병미
주소	서울시 서초구 효령로 304(서초동) 국제전자센터 24층
대표전화	1661-5431 (내용 문의 02-6984-6930 / 구입 문의 02-6984-6868,9)
홈페이지	http://www.megastudybooks.com
출판사 신고 번호	제 2015-000159호
출간제안/원고투고	메가스터디북스 홈페이지 〈투고 문의〉에 등록

일러두기
• 맞춤법과 띄어쓰기는 국립국어원에서 펴낸 《표준국어대사전》을 기준으로 삼되, 초등학교 교과서의 표기를 참고했습니다.
• 외국의 인명과 지명은 국립국어원에서 펴낸 《외래어 표기법》을 따랐습니다.
• 본 저작물은 공공누리 제1유형에 따라 공공 저작물을 이용하였습니다.

메가스터디BOOKS

'메가스터디북스'는 메가스터디(주)의 교육, 학습 전문 출판 브랜드입니다.
초중고 참고서는 물론, 어린이/청소년 교양서, 성인 학습서까지 다양한 도서를 출간하고 있습니다.

• 제품명 초등 메가 독서 논술 A3
• **제조자명** 메가스터디(주) • **제조년월** 판권에 별도 표기 • **제조국명** 대한민국 • **사용연령** 3세 이상
• **주소 및 전화번호** 서울시 서초구 효령로 304(서초동) 국제전자센터 24층 / 1661-5431

 이 책의 특징

〈초등 메가 독서 논술〉은 2022 개정 교과 주제와 연계된 다양한 갈래 글을 읽고 쓰면서
통합적 사고력을 키우는 초등 독서 논술 프로그램입니다.

독서와 논술
[책 읽기] [글로 표현하기]

• 2022 개정 교과 주제 연계 독서
• 갈래 글의 특징에 맞는 독해 활동
• 생각을 글로 표현하는 논술 활동

국어 공부
[어휘+문법+글쓰기]

• 교과 어휘와 필수 어휘 공부
• 국어 학습의 바탕이 되는 문법 공부
• 다양한 갈래 글 완성하기

1 2022 개정 교과 주제 연계 초등 독서 논술

• 초등 1~4학년 교과 주제와 연계된 글을 읽습니다.
• 독서를 통해 교과 내용과 관련된 배경지식과 어휘를 자연스럽게 공부함으로써 학습 능력이 높아집니다.
• 하나의 교과 주제로 연결된 읽기 전·중·후 활동으로 통합적 사고력을 키웁니다.

2 갈래 글 읽기부터 사고력 글쓰기까지

• 읽기 역량에 맞는 문학과 비문학의 여러 갈래 글을 꼼꼼하게 읽으며 독해력을 키웁니다.
• 읽은 글을 바탕으로 자신의 생각을 정리하며 사고력을 키웁니다.
• 자신의 생각을 문장으로 표현하고, 글을 완성하며 논술력을 키웁니다.

3 어휘, 문법, 글쓰기까지 한 번에 국어 공부 완성

• 독서 논술로 공부한 내용을 반복, 확장하여 국어 공부에 바탕이 되는 어휘를 익힙니다.
• 글과 문장 구조를 바르게 알기 위해 문법의 기초를 공부합니다.
• 갈래 글 쓰는 방법을 단계에 따라 차근차근 연습합니다.

전체 커리큘럼

〈초등 메가 독서 논술〉은 예비 초등부터 초등 4학년까지 총 3단계, 12권으로 구성되어 있습니다. 2022 개정 교육과정을 반영한 교과 주제를 중심으로, 아이들의 읽기 역량을 고려하여 단계별로 다양한 갈래 글을 선정하고 난이도를 감안한 서술형·논술형 쓰기 활동을 제시하여 종합적인 국어 능력을 향상시킵니다.

A단계

	주제	주차	주차 제목	갈래	교과 단원
A1	학교와 친구	1	학교에서 무슨 일이 생길까?	동화	1-1 〈학교〉 두근두근, 학교가 궁금해요
		2	친구가 생겼어!	옛이야기	1-1 〈학교〉 어깨동무 내 동무 1-1 〈학교〉 짝꿍이 생겼어요
		3	모두를 위한 안전 수칙	기사	1-1 〈학교〉 안전을 확인해요 1-1 〈학교〉 안전하게 건너요
		4	한 뼘 자란 나를 만나요	편지 / 생활문	1-2 〈하루〉 내가 보낸 하루
	[글쓰기 비법] · **어휘** 비슷한말 / 학교와 관련된 낱말 · **문법** '무엇을'이 들어 있는 문장 · **글쓰기** 일기				
A2	사계절의 모습	1	봄을 맞는 기쁨	동시	2-2 〈계절〉 사계절 친구들
		2	즐거운 여름 방학	동화	2-2 〈계절〉 내가 좋아하는 계절
		3	가을 풍경	동화	2-2 〈계절〉 잠자리 꽁꽁
		4	따뜻하게 겨울나기	설명문	2-2 〈계절〉 새로운 계절을 준비해요
	[글쓰기 비법] · **어휘** 재미있는 말 / 계절과 관련된 낱말 · **문법** '되다, 아니다'가 들어 있는 문장 · **글쓰기** 동시				
A3	이웃과 직업	1	지키면 행복해요!	논설문	1-2 〈이야기〉 서로서로 지켜요
		2	다르면 좀 어때요?	동화	2-1 〈세계〉 가고 싶은 나라 2-1 〈세계〉 서로 존중해요
		3	뭐든 될 수 있어!	동화	2-1 〈마을〉 마을 사람들을 만나요 2-1 〈마을〉 직업을 체험해요
		4	만들고 사고 쓰고	설명문	2-2 〈물건〉 종이로 놀아요 2-2 〈물건〉 자세하게 알고 싶어요
	[글쓰기 비법] · **어휘** 반대말 / 직업과 관련된 낱말 · **문법** 꾸며 주는 말이 들어 있는 문장 · **글쓰기** 편지				
A4	자랑스러운 우리나라	1	우리나라가 궁금해	설명문	1-1 〈우리나라〉 태극기가 펄럭 1-1 〈우리나라〉 무궁화가 활짝
		2	옛날에는 어떻게 놀았을까?	설명문	2-2 〈인물〉 전통을 이어 가려면
		3	세종대왕과 이순신	전기문	2-2 〈인물〉 위인을 찾아서 2-2 〈인물〉 세종대왕과 한글
		4	멀지만 가까운 북한	보고서	1-2 〈이야기〉 평화를 위한 약속
	[글쓰기 비법] · **어휘** 소리는 같지만 뜻이 다른 낱말 / 우리나라와 관련된 낱말 · **문법** 문장 부호의 뜻과 쓰임 · **글쓰기** 독서 감상문				

	주제	주차	주차 제목	갈래	교과 단원
P1	나와 가족	1	소중한 나, 멋진 나	옛이야기	2-1 <나> 나는 누굴까 2-1 <나> 멋진 나
		2	우리 가족이 좋아	동시	1-1 <사람들> 우리 가족
		3	여러 집을 구경해요	설명문	2-1 <세계> 다른 나라 집 구경 2-1 <세계> 뚝딱뚝딱 다른 나라 집
		4	[똑똑한 글쓰기] · **어휘** 가족이나 집과 관련된 낱말 / 모양이나 색깔을 나타내는 낱말 · **문법** '무엇이 무엇이다'의 짜임으로 된 문장 · **글쓰기** 자기소개 글		
P2	건강과 안전	1	깨끗한 내가 되어요	동화	2-1 <나> 깨끗한 몸, 건강한 나
		2	건강하게 먹어요	동화	2-1 <나> 바르게 알고 먹어요
		3	나를 지켜요	설명문	2-1 <나> 내 몸을 스스로 지켜요
		4	[똑똑한 글쓰기] · **어휘** 건강이나 안전과 관련된 낱말 / 맛과 냄새를 나타내는 낱말 · **문법** '무엇이 어찌하다'의 짜임으로 된 문장 · **글쓰기** 축하 카드		
P3	편리한 생활	1	무엇을 타고 갈까?	동화	2-1 <마을> 무엇을 타고 갈까
		2	컴퓨터를 바르게 써요	동화	2-2 <물건> 컴퓨터를 잘 다루고 싶어요
		3	주변에 어떤 도구가 있을까?	설명문	2-2 <물건> 비가 오는데 우산이 없어요 2-2 <물건> 어떤 발명품이 있을까요
		4	[똑똑한 글쓰기] · **어휘** 탈것이나 도구와 관련된 낱말 / 촉감을 나타내는 낱말 · **문법** '무엇이 어떠하다'의 짜임으로 된 문장 · **글쓰기** 초대장		
P4	동물과 자연환경	1	동물과 함께하면 행복해요	옛이야기	2-1 <자연> 땅 위 친구들 2-1 <자연> 함께하면 행복해
		2	사라지는 동물을 지켜요	설명문	1-2 <이야기> 동물들이 사라져요
		3	자연 속 친구들과 함께해요	편지	1-2 <약속> 수도꼭지를 잠그면 1-2 <약속> 지구가 뜨끈뜨끈 2-1 <자연> 땅속이 꿈틀꿈틀
		4	[똑똑한 글쓰기] · **어휘** 동물이나 자연환경과 관련된 낱말 / 움직임을 나타내는 낱말 · **문법** '어떻게 어찌하다'의 짜임으로 된 문장 · **글쓰기** 안내하는 글		
B1	우리 고장의 생활	1	지도에서 찾아요	설명문	3-1 <사회> 우리가 사는 곳 4-1 <사회> 지도로 만나는 우리 지역
		2	우리 고장으로 놀러 와요	동화	4-2 <사회> 지역문제를 해결하고 지역을 알리는 노력
		3	우리 고장의 소식	기사 / 설명문	3-2 <사회> 옛날과 오늘날의 생활 모습
		4	살고 싶은 도시 이야기	설명문	4-2 <사회> 다양한 환경과 삶의 모습
			[글쓰기 비법] · **어휘** 높임말 / 지도와 관련된 낱말 · **문법** 이어 주는 말이 들어 있는 문장 / 글자와 소리가 다른 말 · **글쓰기** 문단 / 설명문		
B2	동물과 식물의 세계	1	동물과 식물의 생활	설명문	3-1 <과학> 동물의 생활 / 식물의 생활
		2	동물의 한살이	관찰 기록문	3-1 <과학> 생물의 한살이
		3	신기한 식물 이야기	동화	3-1 <과학> 식물의 생활
		4	곰과 호랑이 이야기	신화	5-2 <사회> 선사 시대와 고조선의 생활
			[글쓰기 비법] · **어휘** 준말과 본말 / 식물과 관련된 낱말 · **문법** 문장의 종류 / 글자와 소리가 다른 말 · **글쓰기** 논설문		
B3	함께하는 민주적 공동체	1	더불어 사는 이웃	동화	3-2 <사회> 사회 변화와 우리 생활
		2	공중도덕을 지켜요	설명문	4-1 <도덕> 사회·공동체와의 관계
		3	선거와 민주주의	연설문	4-1 <사회> 민주주의와 자치
		4	있는 그대로 바라보아요	논설문	4-1 <사회> 사회 변화와 우리 생활
			[글쓰기 비법] · **어휘** 뜻이 여럿인 낱말 / 민주주의와 관련된 낱말 · **문법** 낱말의 짜임 / 글자와 소리가 다른 말 · **글쓰기** 부탁하는 글		
B4	변화하는 지구	1	세상은 어떻게 생겨났을까?	신화	4-2 <과학> 밤하늘 관찰
		2	강의 여러 가지 모습	보고서	4-1 <과학> 땅의 변화
		3	우르릉 쾅쾅, 지진과 화산	설명문	4-1 <과학> 땅의 변화
		4	생명을 존중해요!	전기문	4-2 <과학> 생물과 환경
			[글쓰기 비법] · **어휘** 고유어, 한자어, 외래어 / 지구와 관련된 낱말 · **문법** 낱말의 종류 / 글자와 소리가 다른 말 · **글쓰기** 관찰 기록문		

이 책의 구성

독서 논술

읽기 전▶주제 읽기▶읽은 후
3단계 5일 학습

읽기 전

글을 읽기 전에 자신이 알고 있는 것을 떠올리며
독서를 준비하는 단계입니다.

- **생각 깨우기** 글과 관련된 질문과 그림을 보며 글을 읽기 전 생각을 깨웁니다.
- **배경지식 깨우기** 글의 갈래, 교과 주제, 제목 등과 관련된 배경지식을 알아봅니다.
- **어휘 깨우기** 글과 밀접한 제재, 주제, 개념뿐만 아니라 중요 어휘를 알아봅니다.

주제 읽기

글의 흐름과 내용을 파악하며 글을 읽습니다.
이때 글의 중심 내용을 생각하며 읽으면 좋습니다.

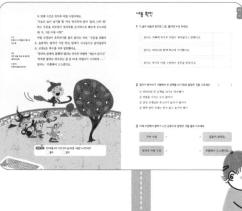

- **질문 톡** 글 아래에 있는 질문에 답하며 글자가 아니라
  글의 내용을 읽는 습관을 기릅니다.
- **내용 확인** 간단한 독해 문제로 글을 꼼꼼하게 읽었는지 확인합니다.

글을 다 읽은 뒤 여러 활동을 통해 내용을 정확히 이해하고, 자신의 생각을 정리합니다.

- **주제 다지기** 글을 사실적으로 이해하는 독해 활동을 합니다.
- **생각 글쓰기** 읽은 글을 바탕으로 자신의 생각을 창의적으로 표현합니다.

글쓰기 비법

어휘 ▶ 문법 ▶ 글쓰기

3단계 학습

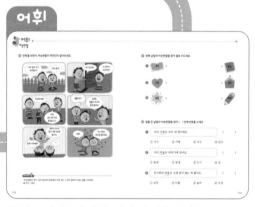

글의 주제 및 제재와 관련된 어휘와 함께
초등학교 필수 어휘까지 확장하여 배웁니다.

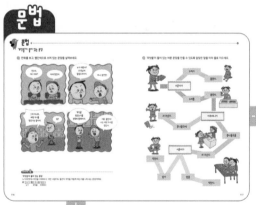

학교에서 배우는 기초 문법 요소를
글에 나오는 문장을 활용하여 배웁니다.

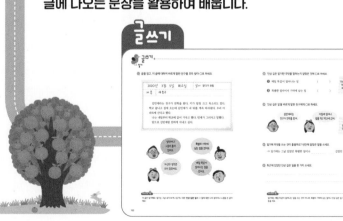

하나의 갈래 글을 쓰는 데
필요한 요소를 짚어 가며
글 쓰는 연습을 합니다.

1주

갈래	논설문
제목	• 버스에서 공공질서를 지키자
	• 도서관에서 규칙을 지키자

지키면 행복해요!

📖 교과 연계 1-2 <이야기> 서로서로 지켜요

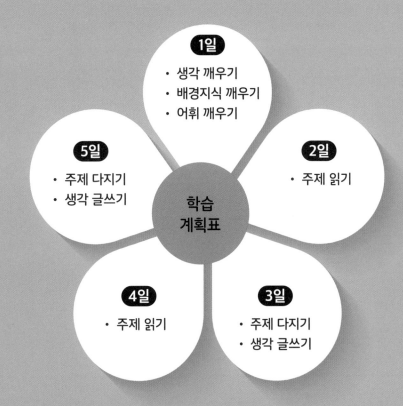

1일
· 생각 깨우기
· 배경지식 깨우기
· 어휘 깨우기

2일
· 주제 읽기

3일
· 주제 다지기
· 생각 글쓰기

4일
· 주제 읽기

5일
· 주제 다지기
· 생각 글쓰기

학습
계획표

생각 깨우기

💬 공공장소에서 하지 말아야 할 행동을 하는 친구들이 있어요. 이 친구들에게 무엇이라고 말해야 할까요? 빈칸에 알맞은 말을 쓰세요.

배경지식 깨우기

💬 예서가 공원에 쓰레기를 버리지 말자고 주장하는 논설문을 썼어요. 예서가 쓴 논설문을 읽고, 푯말의 빈칸에 알맞은 말을 쓰세요.

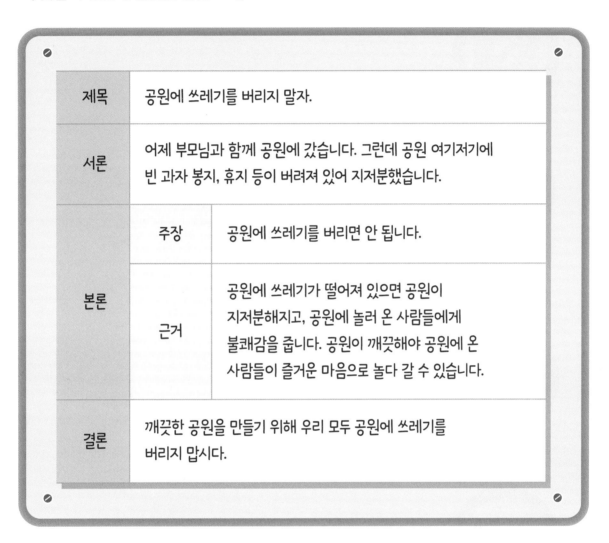

제목	공원에 쓰레기를 버리지 말자.	
서론	어제 부모님과 함께 공원에 갔습니다. 그런데 공원 여기저기에 빈 과자 봉지, 휴지 등이 버려져 있어 지저분했습니다.	
본론	주장	공원에 쓰레기를 버리면 안 됩니다.
	근거	공원에 쓰레기가 떨어져 있으면 공원이 지저분해지고, 공원에 놀러 온 사람들에게 불쾌감을 줍니다. 공원이 깨끗해야 공원에 온 사람들이 즐거운 마음으로 놀다 갈 수 있습니다.
결론	깨끗한 공원을 만들기 위해 우리 모두 공원에 쓰레기를 버리지 맙시다.	

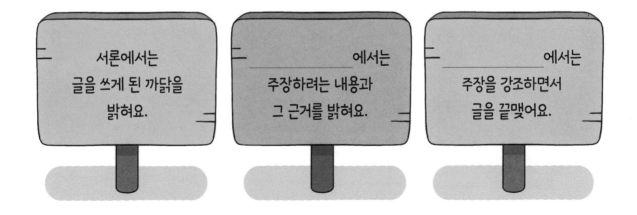

서론에서는
글을 쓰게 된 까닭을
밝혀요.

_____에서는
주장하려는 내용과
그 근거를 밝혀요.

_____에서는
주장을 강조하면서
글을 끝맺어요.

배경지식 깨우기

💬 공공장소에 붙어 있는 여러 가지 기호예요. 무슨 뜻인지 알맞은 내용을 찾아 줄로 이으세요.

 •

• '조용히 하세요.'라는 뜻이에요. 도서관이나 미술관, 박물관에서 볼 수 있어요.

 •

• '위험하니 문에 기대지 마세요.'라는 뜻이에요. 엘리베이터나 지하철 문에서 볼 수 있어요.

 •

• '먹을 것을 가지고 들어오면 안 돼요.' 라는 뜻이에요. 박물관, 미술관, 도서관에서 볼 수 있어요.

 •

• '사진을 찍지 마세요.'라는 뜻이에요. 박물관이나 미술관에서 볼 수 있어요.

 •

• '전시물이 망가질 수 있으니 손대지 마세요.'라는 뜻이에요. 박물관이나 미술관에서 볼 수 있어요.

어휘 깨우기

💬 보기 의 낱말과 뜻풀이를 보고, 빈칸에 들어갈 알맞은 낱말을 보기 에서 찾아 쓰세요.

보기

불쾌감	기분이 좋지 않고 못마땅한 느낌이에요.
대중교통	여러 사람이 함께 이용하는 버스, 기차, 비행기 등의 교통수단이에요.
반납	빌린 물건을 돌려주는 거예요.
공공장소	여러 사람이나 단체가 함께 이용하는 곳이에요.

버스 같은 _____ 을
이용할 때는 차례를 잘 지켜야 해.

버스 안이 시끄러우면 다른 사람들에게
_____을 줄 수 있어.

도서관에서 빌린 책은 _____ 하는 날을
잘 지켜야 해.

공원은 여러 사람이 함께 이용하는
_____야.

버스에서 공공질서를 지키자

승객
차, 배, 비행기 등의 탈것을
타는 손님.

눈살을 찌푸리다
못마땅한 마음을 드러내어
두 눈썹 사이를 찡그리다.

공공질서
국가나 사회를 구성하는 구
성원들이 지켜야 할 질서.

지난 일요일에 부모님과 함께 극장을 가려고 버스를 탔습니다. 우리가 탄 버스에는 *승객이 꽤 많았습니다. 그런데 몇몇 사람이 버스에서 시끄럽게 떠들거나 장난을 치면서 다른 사람의 *눈살을 찌푸리게 했습니다. 나는 그 사람들을 보면서 버스에서 지켜야 할 *공공질서에 대해 생각해 보았습니다.

버스를 이용할 때는 조용히 해야 합니다. 버스에서 큰 소리로 옆 사람과 떠들거나 휴대 전화로 통화하는 사람들이 있습니다. 또 시

질문 톡 글쓴이는 극장을 가기 위해 무엇을 탔나요?

☐ 버스　　　☐ 지하철

끄러운 소리를 내며 게임을 하는 사람도 있습니다. 버스 안이 시끄러우면 책을 읽거나 조용히 버스를 타고 싶은 사람들에게 *불쾌감을 줄 뿐만 아니라 운전기사가 운전에 집중할 수 없습니다. 그러면 버스에 탄 사람도 위험해집니다.

불쾌감
기분이 좋지 않고 못마땅한 느낌.

버스에서 서서 갈 때는 손잡이를 잡아야 합니다. 손잡이를 잡지 않고 서 있거나 손잡이에 매달려 장난을 치면 위험합니다. 버스가 갑자기 멈추면 중심을 잃고 넘어지거나 다른 사람과 부딪혀 다칠 수도 있습니다.

버스에서는 창문 밖으로 머리를 내밀면 안 됩니다. *경치를 구경한다고 창문 밖으로 머리를 내밀면 다른 차나 가로수에 머리를 부딪힐 수 있기 때문에 매우 위험합니다.

경치
산이나 들, 강, 바다 등의 자연이나 지역의 모습.

질문톡 글쓴이는 버스에서 서서 갈 때 무엇을 잡아야 한다고 했나요?

☐ 가방　　　☐ 손잡이

버스에서 내릴 때는 차가 완전히 멈춘 뒤에 차례차례 내려야 합니다. 여러 사람이 서로 먼저 내리려고 다른 사람을 밀치거나 출입문에 한꺼번에 몰려들면 위험합니다. 발에 걸려 넘어질 수도 있고, 앞사람이 넘어지면 뒤따라 내리려던 사람들도 연달아 넘어지기 때문입니다. 또 앞사람이 조금 천천히 내리더라도 기다려 줘야 합니다. 조금만 여유를 가지면 모두가 안전해집니다.

버스는 많은 사람이 함께 타는 *대중교통입니다. 공공질서를 지키면 모든 사람이 즐거운 마음으로 버스를 이용할 수 있습니다. 버스에서는 공공질서를 꼭 지키도록 합시다.

대중교통
여러 사람이 함께 이용하는 버스, 기차, 비행기 등의 교통수단

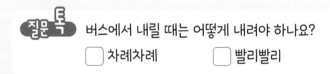 버스에서 내릴 때는 어떻게 내려야 하나요?

　☐ 차례차례　　☐ 빨리빨리

내용 확인

1 이 글의 중심 내용은 무엇인지 고르세요.　　　　　　　(　　　)

　① 대중교통을 자주 이용하자.

　② 버스에서 공공질서를 지키자.

　③ 버스에서는 손잡이를 잡자.

　④ 휴대 전화로 게임하는 시간을 줄이자.

2 빈칸에 알맞은 말을 넣어 문장을 완성하세요.

> 버스 안이 시끄러우면 조용히 버스를 타고 싶은 사람들에게
>
> ☐☐☐ 을 줍니다.

> 버스는 많은 사람이 함께 타는 ☐☐☐☐ 입니다.

3 버스가 멈추자 아래 그림 속 친구가 휘청하며 넘어졌습니다. 왜 그랬을지 고르세요.

　　　　　　　　　　　　　　　　　　　　　　　(　　　)

　① 손잡이를 잡지 않아서

　② 창문 밖으로 머리를 내밀어서

　③ 다른 사람 발에 걸려서

　④ 혼자 버스를 타서

주제 다지기

내용

💬 친구들이 버스를 이용할 때 공공질서를 지키자고 주장하고 있어요. 친구들이 주장하는 내용에 알맞은 근거를 찾아 줄로 이으세요.

버스에서는 조용히 합시다.

서로 먼저 내리려다 발에 걸려 넘어질 수 있기 때문입니다.

버스에서 서서 갈 때는 손잡이를 잡읍시다.

버스가 갑자기 멈추면 넘어질 수 있기 때문입니다.

버스 창문 밖으로 머리를 내밀지 맙시다.

운전기사가 운전에 집중할 수 없기 때문입니다.

버스에서 내릴 때는 차례차례 내립시다.

다른 차나 가로수에 머리를 부딪힐 수 있기 때문입니다.

정리

💬 빈칸에 알맞은 말을 넣어 이 글을 정리하세요.

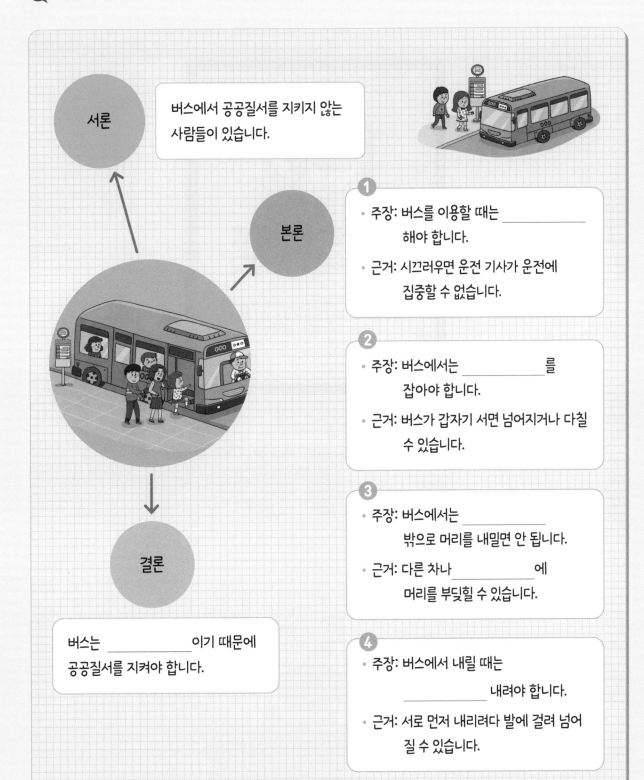

서론

버스에서 공공질서를 지키지 않는 사람들이 있습니다.

본론

1
• 주장: 버스를 이용할 때는 _____ 해야 합니다.
• 근거: 시끄러우면 운전 기사가 운전에 집중할 수 없습니다.

2
• 주장: 버스에서는 _____를 잡아야 합니다.
• 근거: 버스가 갑자기 서면 넘어지거나 다칠 수 있습니다.

3
• 주장: 버스에서는 _____ 밖으로 머리를 내밀면 안 됩니다.
• 근거: 다른 차나 _____에 머리를 부딪힐 수 있습니다.

결론

버스는 _____ 이기 때문에 공공질서를 지켜야 합니다.

4
• 주장: 버스에서 내릴 때는 _____ 내려야 합니다.
• 근거: 서로 먼저 내리려다 발에 걸려 넘어질 수 있습니다.

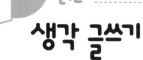

생각 글쓰기

💬 아래는 버스에서 흔히 볼 수 있는 안내문이에요. 이 안내문에서 지키자고 주장하는 내용이 무엇인지 쓰고, 이를 지키지 않았을 때 생길 수 있는 문제를 두 가지 적으세요.

주장: _____

예상되는 문제

1. _____

_____

2. _____

_____

하늘이가 버스에 사람이 많을 때는 가방을 앞으로 메자고 주장하는 글을 쓰려고 해요. 이를 참고하여 버스에서 지켜야 할 일과 관련된 주장과 근거를 쓰세요.

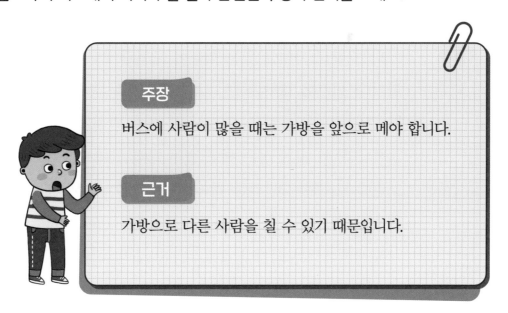

주장

버스에 사람이 많을 때는 가방을 앞으로 메야 합니다.

근거

가방으로 다른 사람을 칠 수 있기 때문입니다.

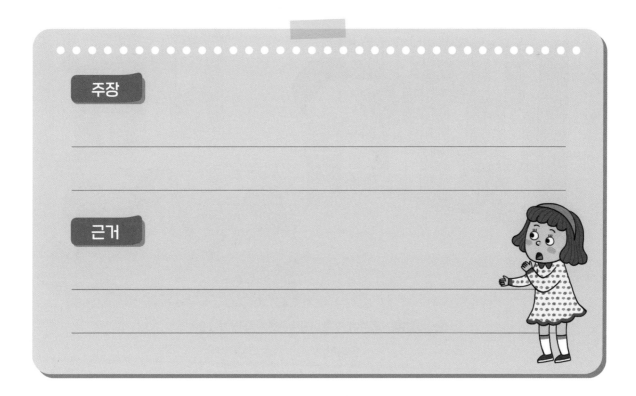

주장

근거

도서관에서 규칙을 지키자

나는 집 가까이에 있는 어린이 도서관에 가는 것을 무척 좋아합니다. 어린이 도서관에는 내가 좋아하는 동화책과 어린이 잡지가 많습니다. 의자와 책상도 어린이에게 맞춰져 있어 책을 읽기도 편합니다. 또 읽고 싶은 책을 빌려 와서 집에서 읽을 수 있습니다. 그런데 도서관에서 종종 하지 말아야 하는 행동을 하는 친구들이 있습니다.

도서관에서는 과자나 음료수를 먹지 말아야 합니다. 과자를 먹거나 음료수를 마실 때 나는 소리, 특히 과자 봉지에서 나는 *바

바스락거리다
마른 잎이나 종이 등을 가볍게 밟거나 뒤적이는 소리가 자꾸 나다.

질문톡 글쓴이가 좋아하는 책은 무엇인가요?

☐ 동화책   ☐ 과학책

스락거리는 소리는 다른 사람이 책 읽는 것을 방해합니다. 음료수를 마시다가 책에 흘려서 책에 얼룩을 남기는 경우도 많습니다. 더구나 과자 부스러기 때문에 개미나 바퀴벌레 같은 벌레가 생길 수 있습니다. 벌레들은 도서관의 책장이나 책을 망가뜨립니다.

　도서관의 책은 깨끗하게 읽어야 합니다. 도서관 책은 여러 사람이 함께 보기 때문입니다. 도서관에서 빌린 책 중에는 얼룩이 묻어 있거나 심하게 구겨진 책이 있습니다. 밑줄을 그어 놓았거나 낙서가 있기도 합니다. 심지어 중간이 찢어진 책도 있습니다. 사람은 누구나 깨끗한 책을 읽고 싶어 합니다. 나도 새 책처럼 깨끗한 책은 빨리 읽고 싶어집니다. 그런데 얼룩이 묻고 구겨진 책을 보면 읽고 싶은 마음도 사라집니다. 찢어진 부분은 읽을 수도 없습니다. 다음 사람이 기분 좋게 책을 볼 수 있도록 도서관의 책을 깨끗하게 읽도록 합시다.

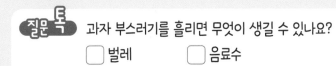 과자 부스러기를 흘리면 무엇이 생길 수 있나요?

　　□ 벌레　　　　□ 음료수

도서관에서 빌린 책은 *반납하는 날을 꼭 지켜야 합니다. 그 책을 읽고 싶어 하는 사람이 기다리기 때문입니다. 언젠가 읽고 싶은 동화책이 있었는데, 앞서 빌려 간 사람이 제날짜에 도서관에 돌려주지 않아서 오랫동안 기다린 적이 있었습니다. 특히 많은 사람이 보고 싶어 하는 책은 많은 사람이 기다리니까 꼭 제날짜에 도서관에 돌려주어야 합니다.

도서관은 여러 사람이 함께 책을 읽는 곳입니다. 도서관에서는 음식을 먹지 말고, 책을 깨끗이 읽도록 합시다. 또 빌린 책은 꼭 제날짜에 돌려주도록 합시다.

도서관의 *규칙을 잘 지키면 모든 사람이 즐겁게 도서관을 이용할 수 있습니다.

반납일은 ○월 ○일입니다.

질문톡 도서관에서 빌린 책은 무슨 날을 지켜야 하나요?
☐ 빌리는 날　　　☐ 반납하는 날

내용 확인

1 보기 에서 이 글의 중심이 되는 낱말 두 개를 찾아 〇표 하세요.

> **보기**
>
> 도서관   음식   규칙   종이   반납

2 다음 중 도서관 규칙을 잘 지킨 친구는 누구인지 고르세요.   (   )

① 지연: 빌린 책이라도 밑줄을 그어 가며 읽어야지.

② 수진: 도서관에서 몰래 과자를 먹으면 정말 재밌어.

③ 은경: 과자는 안 돼도 음료수 정도는 괜찮아.

④ 성은: 책을 다 못 읽었어도 반납하는 날은 꼭 지켜야 해.

3 보기 를 읽고, 바른 문장이 되도록 (   ) 안에 알맞은 낱말을 찾아 줄로 이으세요.

> **보기**
>
> • 얼룩: 본바탕에 다른 빛깔의 점이나 줄 따위가 뚜렷하게 섞인 자국.
> • 부스러기: 잘게 부스러진 물건.

(   )이 묻고 구겨진 책을 보면 읽고 싶은 마음도 사라진다.   •   •   부스러기

과자 (   ) 때문에 개미나 바퀴벌레 같은 벌레가 생길 수 있다.   •   •   얼룩

주제 다지기

주제

💬 글쓴이가 주장하는 내용을 바르게 말한 친구를 찾아 ○표 하세요.

도서관에서 정한 규칙을 지킵시다.

책에 밑줄을 그으며 읽읍시다.

내용

💬 글쓴이가 어린이 도서관이 좋다고 한 까닭을 모두 찾아 ☐ 안에 ✓표 하세요.

어린이에게 맞는 책상과 의자가 있어서입니다.

도서관을 마음껏 뛰어다닐 수 있어서입니다.

도서관에서는 간식을 먹을 수 있어서입니다.

어린이 잡지와 동화책이 많아서입니다.

내용

💬 주장하는 내용에 알맞은 근거를 **보기** 에서 찾아 빈칸에 번호를 쓰세요.

보기

① 그 책을 읽고 싶어 하는 사람이 기다리기 때문입니다.
② 다른 사람에게 방해가 되고, 도서관에 벌레가 생길 수 있기 때문입니다.
③ 도서관 책은 여러 사람이 함께 보기 때문입니다.

도서관에서 과자나 음료수를 먹으면 안 됩니다.

왜냐하면 _____

도서관의 책은 깨끗하게 읽어야 합니다.

왜냐하면 _____

도서관에서 빌린 책은 반납하는 날을 꼭 지켜야 합니다.

왜냐하면 _____

주제 다지기

내용

💬 이 글의 내용에 맞으면 ○표 하고, 틀리면 ×표 하세요.

어린이 도서관에는
동화책과
어린이 잡지가
많습니다.

도서관은
공공장소가
아닙니다.

벌레들은
도서관의 책장이나
책을 망가뜨립니다.

물건을
빌리는 것을
반납이라고 합니다.

도서관에서는
늘 깨끗한 새 책을
빌려줍니다.

반납하는 날을
지키지 않으면
다른 사람이 기다릴
수 있습니다.

누구나
깨끗한 책을
읽고 싶어 합니다.

정리
💬 빈칸에 알맞은 말을 넣어 이 글을 정리하세요.

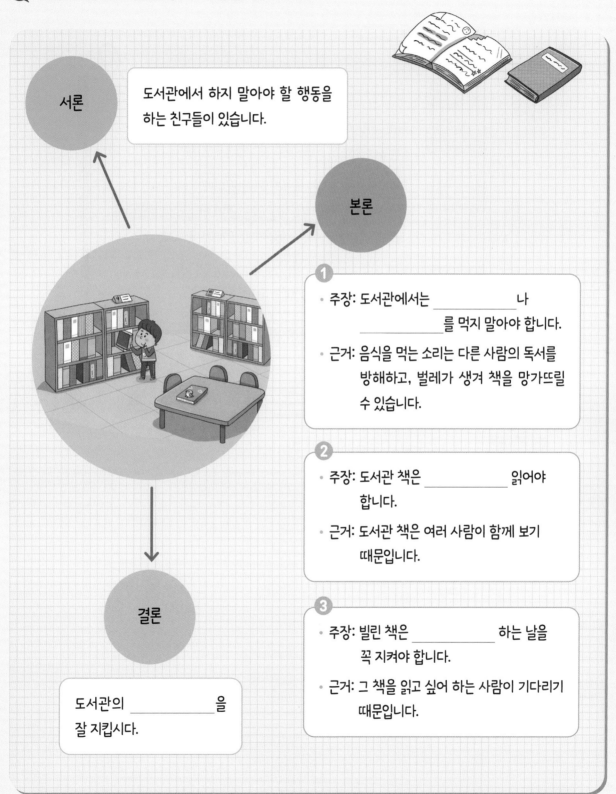

서론

도서관에서 하지 말아야 할 행동을
하는 친구들이 있습니다.

본론

1
• 주장: 도서관에서는 _____ 나
_____ 를 먹지 말아야 합니다.
• 근거: 음식을 먹는 소리는 다른 사람의 독서를
방해하고, 벌레가 생겨 책을 망가뜨릴
수 있습니다.

2
• 주장: 도서관 책은 _____ 읽어야
합니다.
• 근거: 도서관 책은 여러 사람이 함께 보기
때문입니다.

결론

3
• 주장: 빌린 책은 _____ 하는 날을
꼭 지켜야 합니다.
• 근거: 그 책을 읽고 싶어 하는 사람이 기다리기
때문입니다.

도서관의 _____ 을
잘 지킵시다.

생각 글쓰기

💬 아래 글을 참고하여 '도서관에서 뛰어다니지 맙시다'라고 주장하는 글의 개요를 쓰세요.

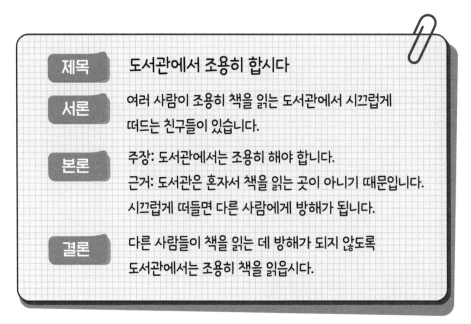

제목	도서관에서 조용히 합시다
서론	여러 사람이 조용히 책을 읽는 도서관에서 시끄럽게 떠드는 친구들이 있습니다.
본론	주장: 도서관에서는 조용히 해야 합니다. 근거: 도서관은 혼자서 책을 읽는 곳이 아니기 때문입니다. 시끄럽게 떠들면 다른 사람에게 방해가 됩니다.
결론	다른 사람들이 책을 읽는 데 방해가 되지 않도록 도서관에서는 조용히 책을 읽읍시다.

제목	도서관에서 뛰어다니지 맙시다
서론	
본론	주장: 근거:
결론	

다음은 '박물관에서 지켜야 하는 규칙'이에요. 왜 이런 규칙을 지켜야 하는지 근거를 쓰세요.

박물관에서 전시물을 함부로
만지면 안 됩니다.

왜냐하면 _____

_____

_____

_____

박물관에서 사진 촬영을 금지한 전시물은
마음대로 촬영하면 안 됩니다.

왜냐하면 _____

_____

_____

_____

2주

갈래 동화

제목 • 칸이 이사 온 날

다르면
좀 어때요?

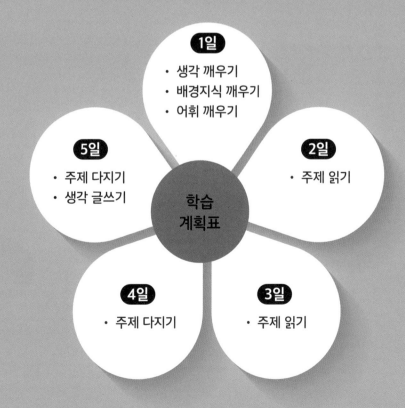

1일
- 생각 깨우기
- 배경지식 깨우기
- 어휘 깨우기

2일
- 주제 읽기

3일
- 주제 읽기

4일
- 주제 다지기

5일
- 주제 다지기
- 생각 글쓰기

학습 계획표

생각 깨우기

💬 두 나라의 어린이가 밥 먹는 모습을 보고, 보기 에서 닮은 점과 다른 점을 찾아 빈칸에 번호를 쓰세요.

보기

① 음식의 종류　② 민속 의상의 모양　③ 민속 의상을 입은 점

④ 먹는 방법　⑤ 피부 색깔　⑥ 나이가 어린 것

닮은 점 　　　　　　　　　　　　　다른 점

_____　　　　_____

💬 보기 에 있는 나라 중 내가 가고 싶은 나라는 어디인가요? 함께 가고 싶은 사람과 가고 싶은 까닭을 빈칸에 쓰세요.

보기

중국

이집트

오스트레일리아

핀란드

어디로? 이집트	어디로?
누구랑? 엄마, 아빠	누구랑?
왜냐하면 이집트에 가서 피라미드도 보고,	왜냐하면
사막 바람도 느끼고 싶다.	

배경지식 깨우기

💬 그림을 보고, 어느 나라에서 온 가족인지 알맞은 설명을 찾아 ◯표 하세요.

영국
대부분 기독교를 믿어요.
튀긴 생선과 감자를 곁들인
음식이나 고기를 먹어요.
식사 때 포크와 나이프를 써요.

방글라데시
대부분 이슬람교를 믿어요.
여자는 머리에 히잡을 써요.
카레 가루를 넣어 만든 음식을
손으로 집어 먹어요.

멕시코
대부분 가톨릭교를 믿어요.
동글납작한 옥수수 빵으로 야채,
고기 등을 싸서 먹어요.
음식에 따라 포크와 나이프도 써요.

어휘 깨우기

💬 보기 의 낱말과 뜻풀이를 보고, 빈칸에 알맞은 낱말을 보기 에서 찾아 쓰세요.

보기

나라	정해진 땅덩어리와 거기에 사는 사람들로 이루어지며, 국가라고도 해요.
문화	오랫동안 한 지역에서 함께 살아온 사람들로부터 전해 내려온 생활 방법, 종교, 예술, 생각 등을 말해요.
외국인	다른 나라 사람을 말해요.
종교	신이나 특별한 힘을 믿는 믿음을 말해요. 불교, 기독교, 가톨릭교, 이슬람교 등이 있어요.

_____ 이
길을 물으면, 친절하게
대답해 줘.

여러 _____ 의 문화를
알아 두면, 외국인을
만났을 때 도움이 돼.

맞아, 나라마다 서로
종교와 _____ 가 다르니,
옷도 음식도 달라.

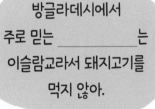

방글라데시에서
주로 믿는 _____ 는
이슬람교라서 돼지고기를
먹지 않아.

칸이 이사 온 날

"쿵쿵, 드르륵드르륵 쿵!"

아침부터 집 밖이 무척 시끄럽고 *분주했어요. 나는 이불 밖으로 나가기 싫었지만 궁금해서 창문을 열어 보았어요.

분주하다
바쁘고 수선스럽다.

"옆집에 이사 오는 소리구나. 한겨울에 이사를 하다니 추워서 힘들겠다. 어?"

나는 창밖을 보다가 깜짝 놀랐어요. 옆집으로 들어가는 사람들이 얼굴이 까무잡잡한 *외국인이었거든요.

외국인
다른 나라 사람.

"으, 우리랑 너무 다르게 생겼는걸. 왠지 무서워 보이네."

그때였어요. 아빠가 옆집 아저씨와 말하는 소리가 들렸어요.

질문톡 옆집에 이웃이 이사 온 계절은 언제인가요?

☐ 여름   ☐ 겨울

36

"이삿짐이 많네요. 아내는 외출 중이니 아들을……. 윤이야!"

나는 어쩔 수 없이 *뭉그적대며 밖으로 나갔어요.

"아빠와 같은 회사에 다니는 마하토 아저씨야. 몇 년 전에 방
글라데시에서 오셨어."

내가 꾸벅 인사하자 아저씨는 환하게 웃으며 우리말로 인사했
어요. 그때 내 또래로 보이는 친구가 다가와 머뭇머뭇 말했어요.

"앗살라무 알라이쿰!"

'무슨 말이지? 우리말 인사도 못하다니. 기분 나빠.'

내가 낯선 외국어에 *뚱한 표정을 하자 아저씨가 말했어요.

"윤아, 얘는 내 아들인데, 이름은 칸이란다. 지금 한 말은 신의
평화가 깃들기를 바란다는 방글라데시 인사야. 인사하렴."

나는 *마지못해 작은 소리로 "안녕!" 하고 말했어요.

뭉그적대다
나아가지 못하고 제자리에
서 약간 큰 동작으로 자꾸
게으르게 행동하다.

뚱하다
못마땅하여 시무룩하다.

마지못하다
마음이 내키지 않지만
그렇게 하지 않을 수 없다.

질문톡 옆집에 이사 온 아저씨는 어디서 왔나요?

☐ 방글라데시   ☐ 북한

서투르다
어떤 일에 익숙하지 못해
빈틈이 있다.

그러자 아빠가 나를 가까이 부르더니 말했어요.

"칸은 올봄에 우리나라에 와서 한국어가 아직 *서투르단다. 네가 친하게 지내며 좀 가르쳐 주렴! 지금은 칸의 엄마부터 도와드리고!"

나는 입을 한 번 삐죽이고, 바로 아주머니께 달려갔지요.

"안녕하세요, 전 윤이예요! 뭘 도와드릴까요?"

"이걸 옮겨 주렴. 도와줘서 고마워!"

아주머니가 땀을 닦으며 말했어요. 그런데 아주머니는 땀이 나는데도 머리에 쓴 수건은 벗지 않았어요. 내가 이상하다는 듯이 쳐다보자, 아주머니가 웃으며 말했어요.

종교
신이나 특별한 힘을 믿는
믿음. 불교, 기독교, 가톨릭
교, 이슬람교 등이 있다.

나라
정해진 땅덩어리와 거기에
사는 사람들로 이루어지며,
국가라고도 함.

"이건 히잡이야. 방글라데시의 *종교는 이슬람교야. 이슬람교를 믿는 *나라의 여자들은 밖에 나갈 때 머리에 히잡을 쓴단다."

질문톡 칸의 엄마는 머리에 무엇을 쓰고 있었나요?

☐ 모자　　☐ 히잡

아주머니의 설명을 듣고 나니, 나는 아주머니를 *힐긋힐긋 본
게 죄송했어요.

마침내 짐을 다 옮기고 정리를 끝냈어요.

"이사 끝! 이사한 날이니 짜장면과 탕수육을 먹어야지!"

나는 중국 음식점 광고지를 보고, 신이 나서 소리쳤어요. 그때
칸이 놀란 얼굴로 고개를 저으며 소리쳤어요.

"안 돼! 안 돼!"

그 말에 나는 원망하는 눈으로 칸을 바라보았어요. 이 추운
날, 땀을 뻘뻘 흘리며 이삿짐 정리하는 걸 도왔는데, 저녁도 먹지
말라는 것 같아 서운했거든요. 내 표정을 본 칸은 금세 미안하다
는 듯이 고개를 푹 숙였어요.

힐긋힐긋
가볍게 슬쩍슬쩍 자꾸 흘겨
보는 모양.

질문톡 이사가 끝난 뒤 윤이는 무엇을 먹으려 했나요?
☐ 탕수육   ☐ 카레

율법
종교, 사회, 도덕과 관련된 행동이나 생활에 대해 신의 이름으로 정한 규범.

멋쩍다
어색하고 쑥스럽다.

그때 아주머니가 다가오시더니 친절하게 말했어요.

"윤아, 이슬람교의 *율법에 따라 우리는 돼지고기를 먹으면 안 된단다. 짜장면과 탕수육에는 돼지고기가 들어가잖니."

"아, 그렇구나. 몰랐어요."

나는 *멋쩍어서 뒷머리를 긁적였어요.

"칸, 미안해."

나는 조금 전 화를 냈던 게 미안해서 칸에게도 슬쩍 사과를 했지요. 그러자 아주머니가 흐뭇한 표정으로 말했어요.

"맛있는 탕수육을 못 먹게 됐으니, 미안하구나. 대신 더 맛있는 음식을 만들어 줄 테니 조금 기다리렴."

아주머니는 서둘러 부엌으로 갔어요.

질문톡 이슬람교 율법에서 먹지 못하게 하는 것은 무엇인가요?
☐ 돼지고기　　　☐ 소고기

내용 확인

1 보기 의 뜻을 보고, 아래 문장에 공통으로 들어갈 낱말을 쓰세요.

보기

자기 나라가 아닌 다른 나라.

- 윤이네 옆집에 피부색이 다른 [ ][ ] 인 가족이 이사를 왔어요.

- "앗살라무 알라이쿰!" 낯선 [ ][ ] 어에 윤이는 뚱한 표정을 지었어요.

2 윤이가 느낀 감정과 그때 취한 행동으로 알맞은 것을 줄로 이으세요.

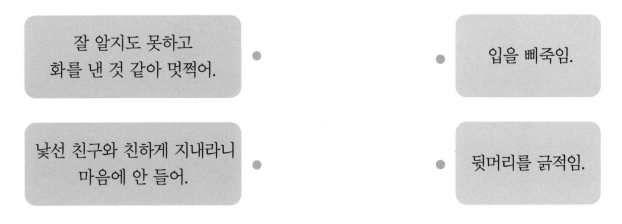

잘 알지도 못하고
화를 낸 것 같아 멋쩍어.

입을 삐죽임.

낯선 친구와 친하게 지내라니
마음에 안 들어.

뒷머리를 긁적임.

3 칸이 윤이에게 짜장면과 탕수육을 먹지 못하게 한 이유는 무엇인지 고르세요.

( )

① 짜장면과 탕수육을 좋아하지 않아서

② 윤이가 멋대로 메뉴를 정하는 게 마음에 들지 않아서

③ 엄마가 이미 카레를 만들어 놓아서

④ 이슬람교의 율법 때문에 돼지고기를 먹으면 안 돼서

내가 심심해하자 칸은 가족 앨범을 가져오더니 *슬그머니 내밀
었어요. 앨범 속에는 방글라데시에서 찍은 칸의 가족사진이 있었
지요. 사진 속에 있는 여자들은 모두 히잡을 쓰고 있었어요. 그런
데 사진 속에는 자전거랑 비슷하게 생긴 탈것이 있었어요.

나는 용기를 내어 칸에게 물었어요.

"칸, 이게 뭐야? 자전거 같은데, 뒤에 큰 의자가 있네."

"릭샤! 우리나라에 릭샤 많아. 나 많이 탔어. 릭샤 편해."

"아, 자전거처럼 생긴 택시인 거지? 말해 줘서 고마워."

나는 앨범을 보면서 칸과 가까워진 것 같아 기분이 좋았어요.

"얘들아, 이제 나오렴. 음식 다 됐다!"

질문톡 윤이는 칸과 함께 무엇을 보았나요?

☐ 만화책   ☐ 앨범

아주머니가 큰 소리로 불렀어요.

"이건 카레 가루를 넣어 만든 반찬이고, 이건 야채를 넣은 사모사야. 우리 방글라데시 사람들이 먹는 음식인데 맛있단다."

아저씨는 밥에 카레 가루로 만든 반찬을 얹어 오른손으로 뭉쳤어요. 아빠와 칸, 아주머니도 똑같이 오른손으로 밥을 집었지요.

"아빠, 왜 숟가락을 안 쓰고 손으로 밥을 먹어요? 집에 가서 엄마한테 다 이를 거예요."

내가 깜짝 놀라 소리치자, 아빠가 웃으며 말했어요.

"방글라데시 음식은 이렇게 먹어야 *제맛이란다. 너도 해 보렴. 참, 오른손으로 먹으렴. 왼손은 화장실 갈 때 쓰는 손이란다."

하지만 나는 고개를 옆으로 저었어요. 그러자 아주머니가 얼른 숟가락을 가져다주었지요.

제맛
음식 본래의 맛.

질문 톡 칸의 가족은 어느 손으로 음식을 집었나요?
　　　☐ 오른손　　　☐ 왼손

나는 숟가락으로 카레처럼 생긴 반찬을 떠서 한 입 먹었어요.

그런데 늘 먹던 카레와 맛이 달라 얼굴을 찡그렸어요.

"윽, 맛이랑 냄새가 이상해요. 먹기가 힘들어요."

"*입맛에 맞지 않나 보구나. 이 사모사를 먹어 보렴."

그때 갑자기 칸이 큰 소리로 말했어요.

"흥, 맛이 이상하다고? 나도 김치 싫어!"

"뭐? 나는 이 반찬 싫어! 손으로 먹는 것도 지저분하다고!"

칸이 우리 음식을 공격하자, 나도 화가 나서 소리쳤어요.

그러자 아빠가 무섭게 말했어요.

"윤이야, 다른 나라 *문화도 *존중해야지. 어서 밥 먹어!"

나와 칸은 서로 도끼눈을 뜨고 노려보며 음식을 먹었어요.

입맛
음식을 먹을 때 입에서 느끼는 맛에 대한 감각.

문화
오랫동안 한 지역에서 함께 살아온 사람들로부터 전해 내려온 생활 방법, 종교, 예술, 생각 등을 이르는 말.

존중하다
높이어 귀중하게 대하다.

질문톡 윤이는 무엇으로 음식을 먹었나요?

☐ 손가락　　　☐ 숟가락

그때 갑자기 아주머니가 소리쳤어요.

"어머, 눈이 오네! 칸, 저기 하얀 눈 좀 봐!"

"저게 눈? 우아, 신기하다!"

칸은 창문에 붙어서 눈을 떼지 않았어요. 나는 칸이 신기해서 쳐다보았어요.

그러자 아주머니가 말했어요.

"칸은 눈을 처음 본단다. 방글라데시는 더워서 눈이 안 오거든."

나는 우리나라가 낯선 칸에게 화를 낸 게 미안해서 먼저 손을 내밀었어요.

"칸! 우리 밖에 나가서 놀래?"

칸은 언제 화를 냈냐는 듯이 웃으며 나를 따라나섰지요.

질문 톡 칸이 눈을 처음 본 곳은 어느 나라인가요?

☐ 방글라데시   ☐ 대한민국

"아, 차가워. 눈은 정말 차갑구나!"

칸은 눈을 만지며 무척 신기해했어요.

"칸! 이거 받아라, 얏!"

나는 눈을 뭉쳐서 칸에게 던졌어요. 칸도 웃으며 공격을 했지요. 우리는 손 시린 것도 잊고, 신나게 놀았어요.

나는 나처럼 눈을 좋아하고 뛰어노는 걸 좋아하는 칸이 마음에 들었어요. 태어난 나라, 쓰는 말, 먹는 음식, 믿는 종교는 다르지만 함께 놀다 보니 서로 마음이 통했지요. 나랑 칸은 앞으로 좋은 친구가 될 것 같아요.

질문톡 윤이와 칸이 함께 좋아하는 것은 무엇인가요?

☐ 눈 ☐ 김치

내용 확인

1 이 글에서 나오지 <u>않은</u> 장면을 고르세요.　　　　　　　　　　　　　(　　　)

① 윤이와 칸이 함께 칸의 가족사진을 보는 장면

② 윤이가 오른손을 써서 카레를 먹는 장면

③ 윤이와 칸이 큰 소리로 서로에게 화를 내는 장면

④ 칸과 윤이가 서로에게 눈을 뭉쳐 던지는 장면

2 방글라데시 문화와 관련된 것으로 알맞은 것에 모두 ○표 하세요.

히잡	택시	사모사	숟가락	눈	릭샤

3 이 글의 내용과 맞으면 ○표, 틀리면 ✕표를 하세요.

릭샤는 자전거와 비슷하게 생긴 탈것이에요.	

방글라데시에서 음식을 먹을 때는 왼손을 사용해요.	

윤이와 칸은 모두 눈을 좋아하고, 뛰어노는 것도 좋아해요.	

주제 다지기

💬 이야기를 연극으로 꾸밀 때 필요한 등장인물을 모두 찾아 ○표 하세요.

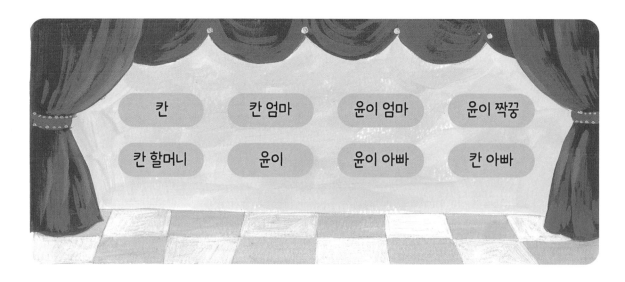

칸   칸 엄마   윤이 엄마   윤이 짝꿍

칸 할머니   윤이   윤이 아빠   칸 아빠

💬 이야기의 배경이 되는 계절과 장소를 모두 알맞게 나타낸 그림을 찾아 ✓표 하세요.

이야기를 읽고, 윤이와 칸에 대해 바르게 말한 것을 모두 찾아 줄로 이으세요.

윤이

칸

한국 사람이에요.

눈을 좋아해요.

방글라데시 사람이에요.

뛰어노는 걸 좋아해요.

방글라데시
인사말을 몰라요.

한국어가 서툴러요.

주제 다지기

순서

💬 이야기를 읽고, 새 이웃이 이사 온 날 윤이가 한 일을 떠올리세요. 일이 일어난 순서에 맞게
빈칸에 번호를 쓰세요.

사건

··· 칸을 만난 뒤, 윤이의 마음은 어떻게 바뀌었나요? 빈칸에 알맞은 표정을 그리고, 알맞은 설명을 찾아 ○표 하세요.

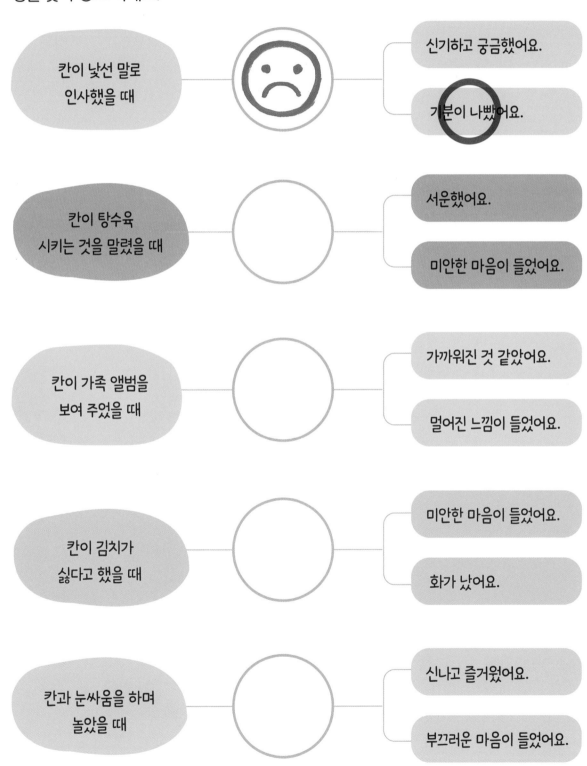

칸이 낯선 말로 인사했을 때	☹	신기하고 궁금했어요. / 기분이 나빴어요. (○표)
칸이 탕수육 시키는 것을 말렸을 때		서운했어요. / 미안한 마음이 들었어요.
칸이 가족 앨범을 보여 주었을 때		가까워진 것 같았어요. / 멀어진 느낌이 들었어요.
칸이 김치가 싫다고 했을 때		미안한 마음이 들었어요. / 화가 났어요.
칸과 눈싸움을 하며 놀았을 때		신나고 즐거웠어요. / 부끄러운 마음이 들었어요.

주제 다지기

💬 방글라데시를 소개한 글이에요. 빈칸에 알맞은 말을 보기 에서 찾아 쓰세요.

보기

| 이슬람교 | 히잡 | 오른손 | 카레 가루 | 돼지고기 | 더움 |

★ 방글라데시를 소개합니다 ★

위치 아시아 동남쪽

종교 _____

언어 벵골 어

기후 _____

옷차림 여자들은 머리에 _____ 을 써요.

음식 문화 이슬람교에서는 _____ 를 먹지 못하게 해요.

그래서 방글라데시 사람들은 대개 돼지고기를 안 먹어요.

음식은 _____ 을 사용해서 먹어요.

_____ 를 넣어 만든 반찬과 밥,

속에 야채를 넣은 사모사 등을 즐겨 먹어요.

정리

··· 빈칸에 알맞은 말을 넣어 이 글을 정리하세요.

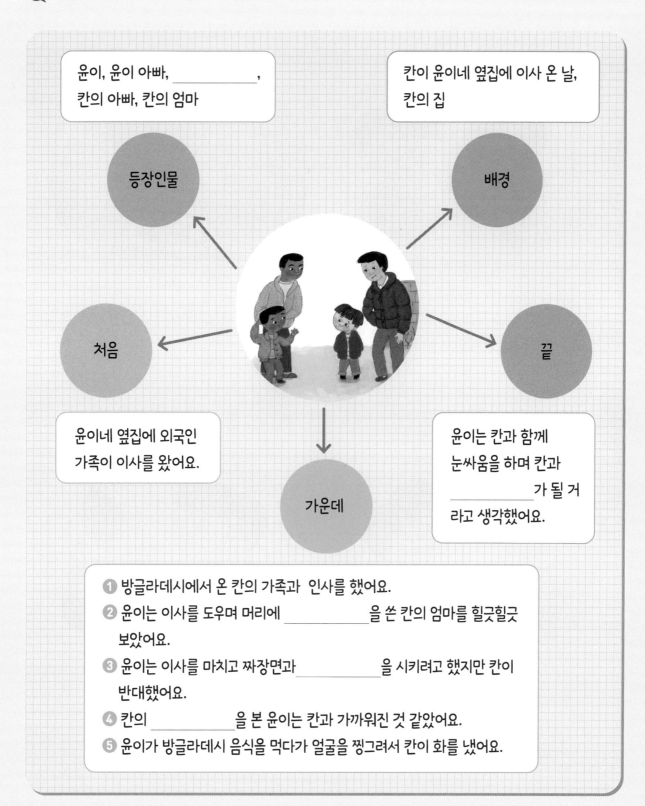

윤이, 윤이 아빠, _____,
칸의 아빠, 칸의 엄마

등장인물

칸이 윤이네 옆집에 이사 온 날,
칸의 집

배경

처음

윤이네 옆집에 외국인
가족이 이사를 왔어요.

끝

윤이는 칸과 함께
눈싸움을 하며 칸과
_____ 가 될 거
라고 생각했어요.

가운데

❶ 방글라데시에서 온 칸의 가족과 인사를 했어요.

❷ 윤이는 이사를 도우며 머리에 _____을 쓴 칸의 엄마를 힐긋힐긋
보았어요.

❸ 윤이는 이사를 마치고 짜장면과 _____을 시키려고 했지만 칸이
반대했어요.

❹ 칸의 _____을 본 윤이는 칸과 가까워진 것 같았어요.

❺ 윤이가 방글라데시 음식을 먹다가 얼굴을 찡그려서 칸이 화를 냈어요.

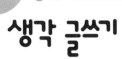

생각 글쓰기

💬 윤이가 한 행동 가운데 바르지 못한 것을 모두 찾아 ✕표 하세요. 또 내가 윤이였다면 어떻게 했을지 상상해서 쓰세요.

잘 모르는 말이지만, 웃으면서 들어줄 거예요.

그리고 미소를 지으면서 먼저 인사를 할 거예요.

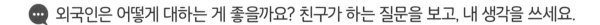

외국인은 어떻게 대하는 게 좋을까요? 친구가 하는 질문을 보고, 내 생각을 쓰세요.

나와 생김새가 다른
외국인을 처음 보았을 때는?

그냥 자연스럽게 볼 거야.
힐긋힐긋 쳐다보거나,
수군대지 않을 거야.

도움이 필요한
외국인을 보았을 때는?

_____

_____

거리에서 길을 묻는
외국인을 만났을 때는?

_____

_____

외국인과 함께
어울려서 먹거나
놀 때는?

_____

_____

3주

갈래 동화

제목 ・ 독갑이의 직업 찾기

뭐든 될 수 있어!

📖 **교과 연계**   2-1 <마을> 마을 사람들을 만나요

2-1 <마을> 직업을 체험해요

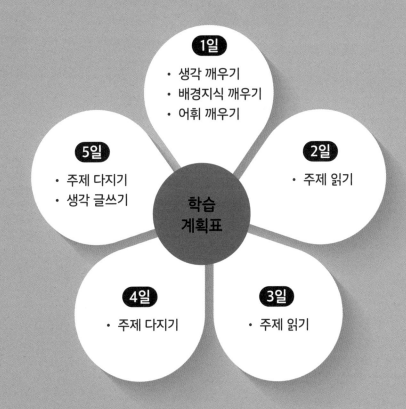

1일
- 생각 깨우기
- 배경지식 깨우기
- 어휘 깨우기

2일
- 주제 읽기

3일
- 주제 읽기

4일
- 주제 다지기

5일
- 주제 다지기
- 생각 글쓰기

학습
계획표

생각 깨우기

친구들이 직업에 대해 말하고 있어요. 직업에 대해 바르게 말한 친구와 잘못 말한 친구의 이름을 모두 쓰세요.

- 바르게 말한 친구: _____

- 잘못 말한 친구: _____

배경지식 깨우기

💬 아래 직업과 그 직업이 하는 일을 찾아 줄로 이으세요.

의사

맛있는 음식을
만들어요.

환경미화원

머리 모양을
예쁘게 손질해요.

경찰관

아픈 사람을
낫게 해요.

미용사

거리를
깨끗하게 해요.

요리사

도둑을 잡아요.

소방관

불을 꺼요.

배경지식 깨우기

💬 독갑이와 함께 길을 따라가며 여러 종류의 직업을 알아보세요. 그리고 빈칸에 그 직업을
순서대로 쓰세요.

어휘 깨우기

💬 뜻풀이에 알맞은 낱말을 보기 에서 찾아 빈칸에 쓰세요.

보기

| 마술 | 진찰 | 공연장 |
| 소개장 | 직업 | 처방전 |

돈을 벌기 위해서 잘하는 일을 하는 거예요.

극장이나 콘서트홀처럼 공연을 하는 장소예요.

의사가 여러 가지 방법으로 환자의 병을 살피는 거예요.

사람이나 사물을 소개하는 내용의 편지나 문서를 말해요.

환자의 병을 치료하려고 약을 짓는 방법을 적은 종이예요.

다양한 방법으로 신기한 일을 해 보이는 거예요.

독갑이의 직업 찾기

아름드리
둘레가 한 아름이 넘는 것을 나타내는 말.

우거지다
풀이나 나무 등이 자라서 무성해지다.

*아름드리 떡갈나무가 *우거진 깊은 숲속, 커다란 집에 도깨비들이 모여 살았어요.

"맛있는 음식 나와라! 뚝딱!"

"멋진 옷 나와라! 뚝딱!"

도깨비방망이만 두드리면, 뭐든 다 나왔어요.

도깨비들은 편하고 행복했어요. 단 한 도깨비 독갑이만 빼고요.

어느 날, 독갑이는 이렇게 말했어요.

따분하다
재미가 없어 지루하고 답답하다.

직업
돈을 벌기 위해 잘하는 일을 하는 것.

"너희는 빈둥빈둥 노는 게 *따분하지도 않니? 난 사람들처럼 *직업을 갖고, 일하며 살고 싶어!"

질문톡 독갑이는 무엇을 갖고 싶다고 했나요?

☐ 가방 ☐ 직업

도깨비들은 직업에 대해 이러쿵저러쿵 떠들었어요.

"흥! 청소하는 직업은 시시하지 뭐야!"

몽당빗자루 도깨비가 *콧방귀를 뀌며 비웃었어요.

"머리카락을 잘라 주는 직업은 쓸데없고."

붓 도깨비는 *부스스한 머리를 가로저었지요.

"어유! 음식을 만들어 남 주는 직업은 진짜 불쌍해!"

장독 도깨비는 통통한 배를 감싸며 한숨을 내쉬었답니다.

그때 불 도깨비가 불똥을 튀기며 말했어요.

"불을 끄는 직업도 있어. 도깨비불은 절대 못 끄지만."

도깨비들은 와그르르 웃음을 터뜨렸지요.

그런데 장승 도깨비가 이러는 게 아니겠어요?

"직업은 사람들에게 아주 중요한 거야.

사람들은 직업이 있어야 먹고살 수 있거든."

콧방귀를 뀌다
아니꼽거나 못마땅하여 남의 말을 들은 체 만 체 말대꾸를 하지 않다.

부스스하다
머리카락이나 털 등이 몹시 어지럽게 일어나거나 흐트러져 있다.

질문 톡 불 도깨비는 무슨 불은 끌 수 없다고 했나요?

☐ 도깨비불　　☐ 반딧불

장승 도깨비는 오랫동안 마을을 지키며 살아서 마을 사람들이 하는 일에 대해서도 잘 알았어요. 도깨비들에게 이런저런 직업에 대해 들려주었지요.

독갑이가 부러운 얼굴로 말했어요.

"나도 사람들처럼 직업을 꼭 갖고 싶어요."

"그러냐? 그럼, 내가 *소개장을 써 주마! 마을로 가서 직업을 가져 보려무나."

독갑이는 장승 도깨비가 써 준 소개장을 들고 마을로 떠나면서 말했어요.

"내게 꼭 맞는 직업을 찾으면, 돌아오지 않을지도 몰라!"

소개장
사람이나 사물을 소개하는 내용의 편지나 문서.

 독갑이는 무엇을 들고 집을 떠났나요?
☐ 소개장   ☐ 청첩장

64

마을로 간 첫날, 독갑이는 환경미화원으로 일하게 되었어요.

환경미화원 아저씨가 쓱쓱 길을 쓸며 말했어요.

"쓰레기를 치워 온 동네가 깨끗해지면 정말 기분이 좋단다."

독갑이도 거리 청소를 시작했어요.

'꽤 힘든걸! 후다닥 끝내 버려야겠다!'

독갑이는 거칠게 *비질을 해 댔답니다.

"콜록콜록! 나한테 먼지를 뿌리면 어떡해요!"

길을 가던 사람들이 독갑이를 *나무랐지요.

청소를 마친 독갑이는 팔다리가 몹시 아팠어요.

'환경미화원 일은 힘들어서 못하겠어!'

비질
빗자루로 바닥 등을 쓸어
내는 일.

나무라다
상대방의 잘못이나 부족한
점을 꼬집어 말하다.

질문톡 마을로 간 첫날에 독갑이는 어떤 직업을 가졌나요?
☐ 운전사   ☐ 환경미화원

이튿날, 독갑이는 소개장을 들고 미용실을 찾아갔어요. 미용실에서는 미용사가 손님의 머리카락을 자르고 있었어요.

"손님이 머리 모양이 예쁘다고 하면 정말 기분이 좋단다."

독갑이도 손님의 머리카락을 싹둑싹둑 자르기 시작했어요.

'이거 재미있는데! 이쪽도 자르고, 저쪽도 자르고!'

독갑이는 손님의 머리카락을 *뭉텅뭉텅 잘라 버렸답니다.

"어머! 머리가 이게 뭐예요! 난 몰라!"

손님이 *울상을 지었지요.

손님 머리를 엉망으로 만든 독갑이는 미용실에서 쫓겨났어요.

독갑이는 하는 수 없이 터덜터덜 집으로 돌아왔지요.

뭉텅뭉텅
연달아 제법 크게 잘리거나 끊어지는 모양.

울상을 짓다
울려고 하는 얼굴 표정을 짓다.

질문톡 독갑이는 어디에서 쫓겨났나요?

☐ 미용실　　　☐ 화장실

내용 확인

1 빈칸을 채워 이 글의 제목을 완성하세요.

 의 찾기

2 독갑이가 직업을 찾도록 돕고 소개장을 써 준 도깨비는 누구인지 고르세요.　　(　　　　)

①  몽당빗자루
도깨비

②  붓 도깨비

③  장승 도깨비

④  불 도깨비

⑤  장독 도깨비

3 이 글의 내용으로 알맞지 <u>않은</u> 것을 고르세요.　　　　　　　(　　　　)

① 도깨비들은 직업이 없어도 살 수 있어요.

② 독갑이는 직업을 찾고 싶었어요.

③ 장승 도깨비는 마을 사람들이 하는 일에 대해 잘 알아요.

④ 독갑이는 미용사 일을 잘해서 칭찬을 받았어요.

다음 날, 독갑이는 소개장을 들고 식당을 찾아갔어요. 요리사가 갖가지 재료를 볶고, 굽고, 찌고 있었어요.

"손님들이 음식을 맛있게 먹으면 정말 기쁜단다."

독갑이도 음식을 만들기 시작했어요.

'소금을 넣을까? 간장을 넣을까?'

독갑이는 소금과 간장을 다 넣었답니다.

"아이고, 짜! 도무지 먹을 수가 없군!"

손님들이 얼굴을 찡그리며 음식을 남겼어요. 손님들이 남긴 음식을 보고 독갑이는 *시무룩해졌어요.

'내가 만든 음식이 맛이 없구나.'

시무룩하다
무언가 마음에 못마땅하여 말이 없고 얼굴에 언짢은 기색이 있다.

질문톡 독갑이가 소개장을 들고 찾아간 곳은 어디인가요?
☐ 예식장　　☐ 식당

68

독갑이는 손님이 남긴 음식이 아까워서 몽땅 먹어 치웠어요. 음식이 너무 짜서 찬물을 열 잔도 넘게 *들이켰지요. 그랬더니 배가 몹시 아팠어요. 요리사가 독갑이를 병원에 데려갔어요.

의사는 독갑이의 몸을 요리조리 살피며 *진찰하고, 간호사는 독갑이를 돌보며, 진찰을 도왔지요.

독갑이는 의사가 써 준 *처방전을 들고 약국에 갔어요. 약사가 지어 준 약을 먹고, 아픈 배가 싹 나았답니다.

'오! 아픈 사람을 치료해 주는 직업도 있구나! 하지만 내가 하기엔 너무 어려워 보여.'

독갑이는 힘없이 집으로 돌아가며 *중얼거렸어요.

"내가 할 수 있는 일이 정말 없을까?"

들이켜다
물이나 술 같은 액체를 단숨에 마구 마시다.

진찰하다
의사가 여러 가지 방법으로 환자의 병을 살피다.

처방전
환자의 병을 치료하려고 약을 짓는 방법을 적은 종이.

중얼거리다
남이 알아듣지 못할 정도의 작고 낮은 목소리로 혼잣말을 자꾸 하다.

질문톡 누가 독갑이를 진찰했나요?

☐ 의사　　　☐ 약사

마을에 가기 시작한 지 나흘째 되던 아침이었어요. 독갑이가
장승 도깨비에게 말했어요.

"이제 소개장을 안 써 주셔도 돼요. 앞으로는 제 힘으로 직업
을 찾아볼래요."

장승 도깨비는 빙긋이 웃기만 했어요.

독갑이는 그날부터 스스로 직업을 구하러 다녔어요.

하루는 학교에서 학생들을 가르치는 선생님!

하루는 편지를 전달해 주는 우편집배원!

하루는 불을 끄고, 사람들을 위험에서 구하는 소방관!

하지만 독갑이는 날이 저물면 어김없이 집으로 돌아왔답니다.

모든 직업이 힘들고 어렵기만 했거든요.

질문톡 독갑이가 해 보지 않은 직업은 무엇인가요?

☐ 변호사　　　☐ 소방관

독갑이의 얼굴이 점점 먹구름처럼 어두워졌어요.

"쉽고 재밌기만 한 직업은 없을까요?"

장승 도깨비는 독갑이를 *다독이며 말했지요.

"세상에 그런 직업은 없단다. 직업을 갖기 위해서는 노력해야

해. 열심히 노력하다 보면 어려웠던 일도 조금씩 쉬워진단다.

또 일의 재미와 보람도 찾을 수 있고 말이야."

독갑이는 밤새도록 장승 도개비의 말을 *곱씹으며 생각하고

또 생각했어요. 아침이 밝아 오자, 독갑이는 두 주먹을 꼭 쥐고

마을로 향했지요.

그날 저녁부터 독갑이는 집으로 돌아오지 않았어요.

다독이다
남의 약한 점을 따뜻이 어
루만져 감싸고 달래다.

곱씹다
말이나 생각 등을 곰곰이
되풀이하다.

질문톡 장승 도깨비는 직업을 갖기 위해 무엇을 해야 한다고 했나요?

- [ ] 감사
- [ ] 노력

어느덧 일 년이 흘렀어요. 도깨비들은 독갑이가 보고 싶었어요.
"독갑이는 어디에서 뭘 하고 있을까?"

어느 날, 장승 도깨비가 도깨비들을 마을 *공연장으로 데려갔
어요. 공연이 시작되자, 독갑이가 무대로 올라왔어요. 독갑이는
여러 물건과 *손재주를 이용해 *마술을 선보였어요.

도깨비들은 독갑이를 보고 깜짝 놀랐어요. 도깨비방망이도 없
이 마술을 부리고 있었으니까요. 공연을 끝내고 나서 독갑이가
자랑스럽게 외쳤어요.

"전 마술사, 독갑이입니다!"

 장승 도깨비가 도깨비들을 데려간 곳은 어디인가요?

☐ 마을 공연장   ☐ 주차장

내용 확인

1 독갑이가 병원에 간 이유로 알맞은 것을 고르세요. ( )

① 아픈 사람을 치료하는 일을 하고 싶어서

② 의사에게 소개장을 받으려고

③ 요리사가 독갑이에게 병원 일을 추천해서

④ 식당 손님들이 남긴 음식을 먹고 배탈이 나서

2 장승 도깨비는 독갑이에게 직업을 갖기 위해 노력하다 보면 두 가지를 찾을 수 있다고 했어요. 그것이 무엇인지 이 글에서 찾아 쓰세요.

□□ 와 □□

3 다음 중 이 글을 제대로 이해한 친구를 찾아 ○표 하세요.

마술사가 되다니 독갑이가 결국 쉽고 재밌기만 한 일을 찾았나 봐!

( )

독갑이는 일 년 동안 자기에게 꼭 맞는 직업을 찾으려고 노력했을 거야.

( )

직업 찾기가 너무 힘들어서 독갑이는 집을 나온 걸 후회했을 거야.

( )

주제 다지기

주제

💬 이야기에서 가장 중요한 내용은 무엇인가요? 알맞은 것을 찾아 ☐ 안에 ✓표 하세요.

독갑이가 만든 음식은 맛이 없었어요.

독갑이는 의사에게 진찰을 받았어요.

독갑이는 열심히 노력하여 마술사가 되었어요.

사건

💬 독갑이는 집을 떠난 뒤 일 년 동안 무엇을 했을까요? 알맞은 것을 찾아 ○표 하세요.

인물

💬 이야기에 나오는 등장인물을 모두 찾아 ○표 하세요.

아빠 도깨비

할아버지

독갑이

장승 도깨비

붓 도깨비

불 도깨비

몽당빗자루 도깨비

배경

💬 이야기에 나오는 장소예요. 독갑이가 이곳에서 무엇을 했는지 빈칸에 쓰세요.

보기

음식   진찰   머리카락

독갑이가 손님의 _____을 만지던 곳

독갑이가 _____을 하던 곳

독갑이가 의사에게 _____을 받던 곳

주제 다지기

판단

··· 독갑이가 함께 일했던 사람들을 인터뷰하고 있어요. 빈칸에 알맞은 말을 보기 에서 찾아 쓰세요.

보기

음식   머리 모양   쓰레기

판단

... 독갑이가 도깨비들의 질문에 대답하고 있어요. 도깨비들의 질문에 알맞은 독갑이의 대답을 찾아 줄로 이으세요.

주제 다지기

내용

💬 장승 도깨비가 독갑이에게 해 준 말이에요. 장승 도깨비의 말을 들은 독갑이가 무슨 결심을 했는지 알맞은 것을 찾아 ◯표 하세요.

직업을 갖기 위해서는 노력을 해야 해. 열심히 노력하다 보면 재미와 보람을 찾을 수 있단다.

직업을 구하지 않기로 결심했어요.

직업을 더 찾아보기로 결심했어요.

인물

💬 글을 읽고, 독갑이의 성격으로 알맞은 것을 찾아 ☐ 안에 ✓표 하세요.

독갑이는 소심한 성격이었어요.

독갑이는 화를 잘 내는 성격이었어요.

독갑이는 도전하기를 좋아하는 성격이었어요.

글의 순서가 뒤죽박죽 섞여 있어요. 이야기 순서대로 ◯ 안에 번호를 쓰세요.

◯ 독갑이는 배탈이 나서 병원에 다녀왔어요.

◯ 독갑이는 미용사가 됐지만 손님의 머리 모양을 엉망으로 만들었어요.

◯ 독갑이는 환경미화원이 됐지만 일이 힘들었어요.

6 독갑이는 마술사가 돼서 사람들 앞에서 마술 공연을 했어요.

1 독갑이는 사람들처럼 직업을 갖고 싶었어요.

◯ 독갑이는 요리사가 됐지만 음식을 맛없게 했어요.

주제 다지기

사건

💬 독갑이가 가졌던 직업을 모두 찾아 □ 안에 ✓표 하세요.

빈칸에 알맞은 말을 넣어 이 글을 정리하세요.

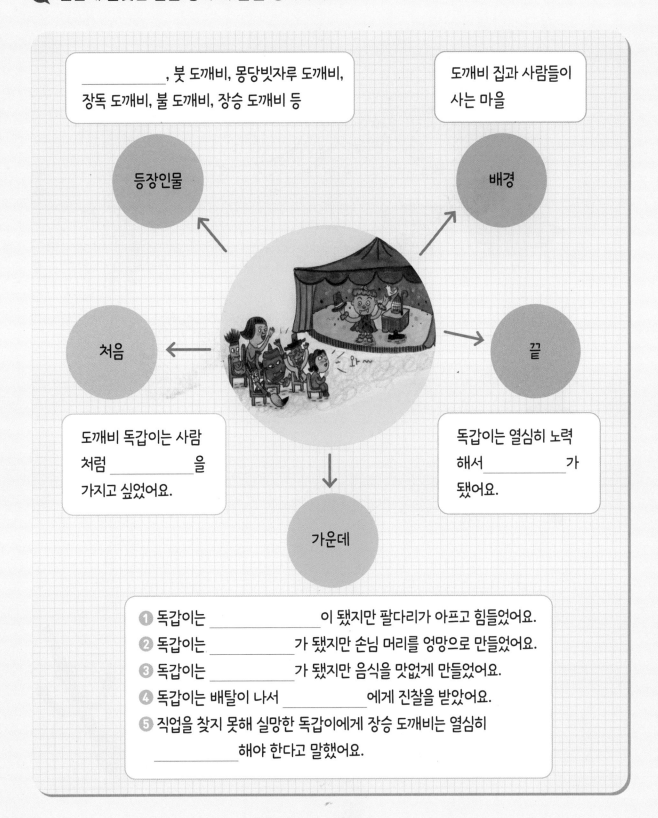

_____, 붓 도깨비, 몽당빗자루 도깨비, 장독 도깨비, 불 도깨비, 장승 도깨비 등

도깨비 집과 사람들이 사는 마을

등장인물

배경

처음

끝

도깨비 독갑이는 사람처럼 _____을 가지고 싶었어요.

독갑이는 열심히 노력해서_____가 됐어요.

가운데

❶ 독갑이는 _____이 됐지만 팔다리가 아프고 힘들었어요.
❷ 독갑이는 _____가 됐지만 손님 머리를 엉망으로 만들었어요.
❸ 독갑이는 _____가 됐지만 음식을 맛없게 만들었어요.
❹ 독갑이는 배탈이 나서 _____에게 진찰을 받았어요.
❺ 직업을 찾지 못해 실망한 독갑이에게 장승 도깨비는 열심히 _____해야 한다고 말했어요.

81

생각 글쓰기

💬 장승 도깨비가 마술 공연을 끝낸 독갑이를 칭찬했어요. 다른 도깨비들은 독갑이에게 무슨
말을 했을지 상상해서 쓰세요.

독갑아, 정말 축하한다.
네가 잘할 수 있는 직업을
찾을 줄 알았단다.

💬 앞으로 내가 갖고 싶은 직업과 그 직업을 갖기 위해 어떤 노력을 할지 쓰세요.

나는 마술사가 되기로 했어.
왜냐하면 도깨비는 마술을 잘 부리니까.
그렇지만 도깨비방망이 없이
마술을 부리는 것은 무척 어려웠어.
그래서 마술사 선생님을 찾아가
마술을 열심히 배웠단다.

_____

_____

_____

_____

_____

4주

갈래 설명문

제목
- 물건이 우리 손에 오기까지
- 종이가 만들어지기까지

만들고 사고 쓰고

📖 **교과 연계**　2-2 <물건> 종이로 놀아요
　　　　　　　　2-2 <물건> 자세하게 알고 싶어요

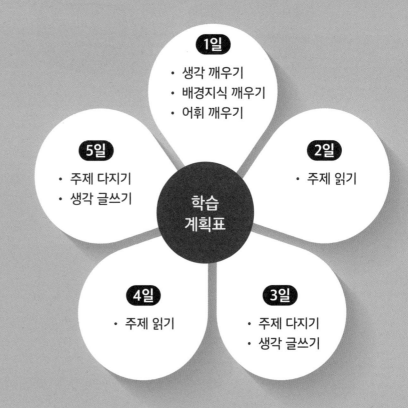

학습 계획표

1일
- 생각 깨우기
- 배경지식 깨우기
- 어휘 깨우기

2일
- 주제 읽기

3일
- 주제 다지기
- 생각 글쓰기

4일
- 주제 읽기

5일
- 주제 다지기
- 생각 글쓰기

생각 깨우기

💬 생활하면서 필요한 물건이에요. 무엇을 할 때 쓰는 물건인지 알맞은 그림을 보기 에서 찾아 빈칸에 번호를 쓰세요.

• 공부할 때 필요한 물건: _____

• 운동할 때 필요한 물건: _____

• 음식할 때 필요한 물건: _____

배경지식 깨우기

💬 친구들이 들고 있는 푯말에 적힌 글을 읽고, 종이에 대하여 바르게 설명한 글을 찾아 ☐ 안에 ✓표 하세요.

종이는 우리 생활에 꼭 필요해요.

다 쓰고 난 종이를 이용해 다시 종이로 만들 수 있어요.

종이로는 책, 공책, 포장지 등을 만들어요.

종이는 나무로 만들어요.

종이는 유리로 만들어요. 우리 주변에 많아요. 종이로 만든 물건은 칼, 연필, 자 등이 있어요. 못 쓰게 된 종이는 동물의 먹이로 쓰여요.

☐

우리 생활에 꼭 필요한 종이는 나무로 만들어요. 종이로는 책, 공책, 포장지 등을 만들어요. 다 쓰고 난 종이는 다시 종이로 만들 수 있어요.

☐

배경지식 깨우기

💬 다음 그림을 보고, 수박이 우리 손에 오기까지의 과정에 대해 바르게 말한 친구를 찾아
○표 하세요.

생산자

도매상

소매상

소비자

수박은 여름 과일이야.
더운 여름에는 시원한
수박이 최고야!

농부 아저씨가 키운 수박은
도매상과 소매상을 거쳐
우리 손에 들어오는 거야.

어휘 깨우기

💬 빈칸에 알맞은 낱말과 뜻풀이를 찾아 줄로 이으세요.

다 쓴 공책이나 포장지 같은 _____를 모아 재생 종이를 만들어요.

불순물

순수한 물질에 섞여 있는 순수하지 않은 물질을 말해요.

상인들은 물건을 팔아 _____을 남기려고 노력해요.

재생

낡거나 못 쓰게 된 물건을 다시 쓰게 하는 거예요.

물에 _____이 섞여서 뿌옇게 됐어요.

폐지

쓰고 버린 종이를 가리키는 말이에요.

더 이상 쓰지 않는 기름을 모아 _____ 비누를 만들어요.

이익

어떤 물건을 팔아서 번 돈에서 들인 돈을 빼고 남은 거예요.

물건이 우리 손에 오기까지

물건을 한꺼번에 많이 파는 도매상

매일 먹을 음식, 몸을 보호해 주는 옷과 신발, 공부하는 데 필요한 책과 공책 등 우리가 생활하는 데 필요한 물건은 아주 많아요. 그럼 이것들은 어떤 과정을 거쳐 우리 손에 들어올까요?

우리 손에 들어오는 대부분의 물건은 도매상과 소매상을 거쳐요. 도매상은 물건을 낱개로 팔지 않고 한데 묶어서 파는 가게나 상인을 말하죠. 도매상은 *생산지에서 많은 양의 물건을 싸게 사와서 *이익을 남기고 소매상에 팔아요.

도매상들이 모인 곳을 도매 시장이라고 해요. 문구 도매 시장, 옷 도매 시장, *청과물 도매 시장 등 도매 시장은 종류가 다양해요.

생산지
어떤 물품을 만들어 내거나 그 물품이 저절로 생기는 곳.

이익
어떤 물건을 팔아서 번 돈에서 들인 돈을 빼고 남은 것.

청과물
신선한 과일과 채소를 통틀어 이르는 말.

질문 톡 도매상이 모여 있는 곳을 무엇이라고 하나요?

☐ 도매 시장 ☐ 소매 시장

물건을 낱개로 파는 소매상

소매상은 물건을 생산자나 도매상에게서 사들인 뒤 직접 *소비자에게 파는 가게나 상인을 말해요. 소매상은 도매상과 달리 물건을 낱개로 팔아요. 문방구, 채소 가게, 슈퍼마켓, 편의점 등이 모두 소매상이에요.

우리가 직접 생산지나 도매 시장까지 가지 않아도 필요한 물건을 살 수 있는 것은 소매상 덕분이지요.

물건값은 생산지에서 도매상, 소매상을 거치면서 점점 비싸져요. 물건을 옮기는 *비용과 물건을 *보관하는 비용이 들고, 도매상과 소매상들도 이익을 남겨야 하기 때문이에요. 그래서 도매상과 소매상을 많이 거칠수록 물건값은 비싸답니다.

소비자
시장에서 판매되는 물건과 서비스 등에 적당한 대가를 내고 그것을 누리는 사람.

비용
어떤 일을 하는 데 드는 돈.

보관하다
물건을 맡아서 간직하고 관리하다.

질문 톡 물건을 직접 소비자에게 파는 상인을 무엇이라고 하나요?

☐ 소매상   ☐ 도매상

구입하다
물건 등을 사들이다.

물건을 *구입하는 다양한 방법

물건이 우리 손에 들어오는 방법이 점점 다양해지고 있어요. 요즘은 시장이나 가게에 가지 않고 집에서 편하게 물건을 사는 경우가 많아요.

먼저 텔레비전이나 상품 안내서를 보고 집에서 전화로 물건을 주문하고 받는 홈 쇼핑이 있어요. 또 컴퓨터 인터넷으로 필요한 물건을 사는 사람도 많지요. 심지어 다른 나라에서 파는 물건을 인터넷으로 사기도 해요. 스마트폰이 있으면 언제 어디서나 필요한 물건을 주문할 수 있죠.

모두 교통과 통신이 발달했기 때문이에요. 지금도 교통과 통신은 끊임없이 발전하고 있어요. 앞으로 물건이 우리 손에 들어오는 방법은 더 새롭고 다양해질 거예요.

질문톡 컴퓨터의 무엇을 통해 물건을 사나요?
☐ 편지   ☐ 인터넷

내용 확인

1 우리가 필요한 물건을 사러 가는 곳이 <u>아닌</u> 곳을 찾아 ○표 하세요.

(   )   (   )   (   )

2 아래 글을 읽고, 도매상에 대한 설명에는 '도', 소매상에 대한 설명에는 '소'를 쓰세요.

생산지에서 많은 양의 물건을 한꺼번에 사 와요.	

문방구, 채소 가게, 슈퍼마켓, 편의점 등이 여기에 해당해요.	

소비자에게 물건을 낱개로 팔아요.	

싼 값에 물건을 사서 소매상에게 이익을 남기고 팔아요.	

3 시장이나 가게에 가지 않고도 집에서 편하게 물건을 살 수 있는 건 무엇과 무엇이 발달했기 때문인지 이 글에서 찾아 쓰세요.

☐☐ 과 ☐☐

주제 다지기

💬 이 글에 대해서 바르게 말한 친구를 찾아 ○표 하세요.

우리에게 필요한 물건이
우리 손에 들어오기까지의 과정을
설명한 글이야.

물건을 아껴 쓰자고 다른
사람을 설득하는 글이야.

💬 이 글의 내용으로 맞는 것을 찾아 □ 안에 ✓표 하세요.

소매상은 낱개로 물건을 팔아요.	
문방구와 슈퍼마켓은 도매상이에요.	
물건값은 도매상과 소매상을 거치면서 비싸져요.	
물건이 우리 손에 들어오는 방법은 다양해요.	
도매상은 소매상에서 물건을 사 와서 팔아요.	

정리

••• 빈칸에 알맞은 말을 넣어 이 글을 정리하세요.

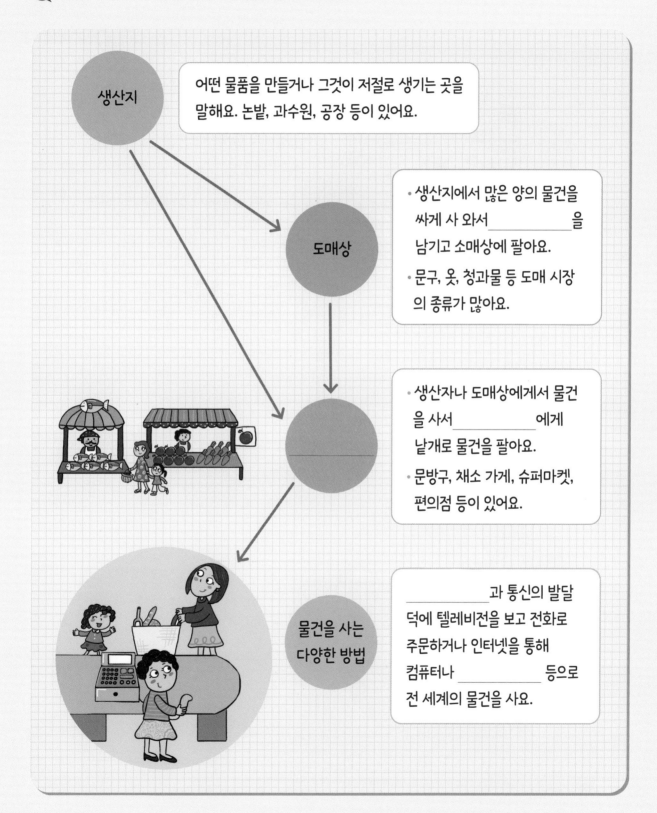

생산지

어떤 물품을 만들거나 그것이 저절로 생기는 곳을 말해요. 논밭, 과수원, 공장 등이 있어요.

도매상

• 생산지에서 많은 양의 물건을 싸게 사 와서_____을 남기고 소매상에 팔아요.
• 문구, 옷, 청과물 등 도매 시장의 종류가 많아요.

• 생산자나 도매상에게서 물건을 사서_____에게 낱개로 물건을 팔아요.
• 문방구, 채소 가게, 슈퍼마켓, 편의점 등이 있어요.

물건을 사는 다양한 방법

_____과 통신의 발달 덕에 텔레비전을 보고 전화로 주문하거나 인터넷을 통해 컴퓨터나_____ 등으로 전 세계의 물건을 사요.

생각 글쓰기

💬 하은이가 공책 도매상에 대해 조사했어요. 이를 참고하여 나도 문방구에 대해 쓰세요.

공책 도매상

- 공장에서 한꺼번에 많은 양의 공책을 싸게 사 와요.

- 주로 도매 시장에서 장사하고, 낱개로는 물건을 팔지 않아요.

- 문방구 주인 같은 소매상이나 소비자에게 이익을 남기고 물건을 팔아요.

문방구

_____

_____

_____

_____

💬 공책과 배추가 우리 손에 오기까지의 과정에 대한 글을 보고, 연필이 우리 손에 오기까지의 과정을 쓰세요.

공책은 공장에서 만들어요. 도매상은 공장에서 한꺼번에 많은 양의 공책을 싸게 사 와서 문구 도매 상가에서 팔아요. 소매상은 문구 도매 상가에서 공책을 여러 묶음으로 사 와서 문방구에서 팔아요. 우리는 문방구에 가서 공책을 낱개로 사요.

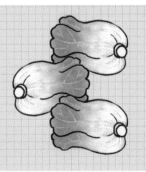

농부가 밭에서 기른 배추는 도매상들이 한꺼번에 많은 양을 싸게 사서 농산물 도매 시장에서 팔아요. 소매상은 농산물 도매 시장에 가서 배추를 여러 묶음으로 사 와서 채소 가게에서 팔아요. 우리는 채소 가게에 가서 배추를 낱개로 사요.

종이가 만들어지기까지

종이의 시작

우리가 사용하는 종이는 언제 어디서 처음 만들어졌을까요? 지금까지 알려진 것에 따르면 105년쯤에 중국에서 채륜이라는 관리가 종이 만드는 법을 완성했다고 해요.

채륜은 나무껍질, *넝마, *어망 등을 돌절구에 찧어 죽처럼 만든 다음, 그것을 얇게 펴고 말려서 종이를 만들었어요.

처음에는 사람 손으로 한 장씩 만들었다가 종이 만드는 기계가 *발명된 뒤에는 긴 종이인 두루마리로 만들었지요.

넝마
낡고 해져서 입지 못하게 된 옷이나 이불 등.

어망
물고기를 잡는 그물.

발명
아직까지 없던 기술이나 물건을 새로 생각하여 만들어 내는 일.

질문톡 종이는 어디에서 처음 만들었나요?

☐ 중국　　　☐ 유럽

종이의 재료는 나무

오늘날에도 종이는 대개 나무로 만들어요. 나무로 만들면 빠르고 값싸게 종이를 만들 수 있거든요. 종이는 어떤 나무로도 만들 수 있어요. 잎이 뾰족한 바늘잎나무도, 넓적한 넓은잎나무도 종이가 된답니다.

그럼 나무가 어떻게 종이로 바뀌는지 종이 만드는 과정을 살펴볼까요? 우선 숲속에서 수십 년 자란 아름드리나무를 베어 가지를 잘라내고 *양지바른 곳에 잘 쌓아서 햇볕에 말려요.

햇볕에 잘 마른 나무는 기계에 집어넣어 나무껍질을 벗기고, 잘게 잘라 작은 나뭇조각으로 만들지요.

양지바르다
땅이 볕을 잘 받게 되어 있다.

질문톡 나무를 기계에 집어넣어 무엇으로 만들었나요?

☐ 통나무   ☐ 나뭇조각

펄프 만들기

나뭇조각은 *화학 약품이 담긴 커다란 통 속에 넣어 삶아요. 그러면 나뭇조각은 죽처럼 끈적거리는 '펄프'가 돼요. 펄프에 섞인 *불순물을 걸러 내어 펄프를 깨끗하게 만들어요.

불순물을 걸러 낸 다음에는 질 좋은 종이를 만들려고 *녹말이나 *점토, 화학 약품을 섞기도 해요.

펄프에 어떤 재료를 섞느냐에 따라 반들반들한 종이, 잘 찢어지지 않는 종이, 물에 잘 젖지 않는 종이, 얇지만 비치지 않는 종이 등 다양한 종이를 만들 수 있어요.

화학 약품
물리학과 화학 실험에 사용되는 약품.

불순물
순수한 물질에 섞여 있는 순수하지 않은 물질.

녹말
감자, 고구마 등을 갈아서 가라앉힌 앙금을 말린 가루.

점토
작은 알갱이로 이루어진 부드럽고 차진 흙.

 질문톡 나뭇조각을 죽처럼 만든 것을 무엇이라고 하나요?

☐ 펄프　　☐ 종이

펄프가 종이로

이제 펄프가 종이로 변신할 차례예요.

먼저 펄프를 그물망 위에 펴서 올려놓고 납작하게 눌러요. 납작하게 눌린 펄프는 여러 개의 원통을 지나면서 물기가 완전히 마르고 매끈매끈한 종이가 되어요.

원통을 통과한 종이는 커다란 두루마리가 되도록 말아요. 종이로 책 같은 물건을 만들 때는 두루마리를 잘라서 쓰지요.

종이로는 다양한 물건을 만들 수 있어요. 매끈하고 하얀 종이는 책과 공책을, 얇고 누런 종이는 신문을, 반들반들하고 빳빳한 종이는 쇼핑백을 만들어요.

질문톡 펄프는 무엇을 통과하면서 물기가 마르고 매끈매끈해지나요?

☐ 두루마리   ☐ 원통

다 쓴 공책이 다시 종이로

한 번 읽고 버리는 신문, 선물을 포장하는 포장지와 쇼핑백 등 우리는 종이를 어마어마하게 많이 쓰고 버려요. 다 쓴 종이를 버릴 때는 꼭 *분리 배출을 해야 해요. *폐지는 다시 펄프로 만들어 새 종이를 만들 수 있거든요.

재활용 센터에 모인 폐지는 색깔과 질에 따라 나눈 다음, 화학 약품을 섞은 물에 넣어요. 종이에 인쇄된 잉크를 없애서 펄프를 깨끗하게 만드는 거예요. 이 펄프로 만든 종이를 '*재생 종이'라고 해요.

종이는 우리 생활에서 *떼려야 뗄 수 없는 중요한 물건이에요. 그러나 종이를 만들려면 수많은 나무를 베어야 하고, 여러 가지 화학 약품을 써서 환경을 오염시키기도 해요. 종이 한 장도 아껴서 나무와 환경을 보호하도록 해요.

분리 배출
쓰레기 등을 종류별로 나누어서 버리는 일.

폐지
쓰고 버린 종이.

재생
낡거나 못 쓰게 된 물건을 다시 쓰게 하는 것.

떼려야 뗄 수 없다
어떤 사물이나 사람, 현상 등의 관계가 매우 가까워 빈틈이 없다.

질문 톡 폐지를 재활용하여 만든 종이를 무엇이라고 하나요?
☐ 재생 종이　　　☐ 새 종이

내용 확인

1 아래 그림에서 종이로 만든 물건에 모두 ○표 하세요.

① 스케치북
③ 시계
② 공책
④ 크레파스
⑤ 책

2 다음 중 종이에 대한 설명으로 옳지 <u>않은</u> 것을 고르세요. (　　　　)

① 맨 처음 종이를 만든 사람은 중국 사람인 채륜이라고 알려져 있다.

② 커다란 넓은잎나무가 아니면 종이를 만들 수 없다.

③ 나뭇조각에 화학 약품을 섞어 만든 펄프로 종이를 만든다.

④ 종이로 책과 공책, 신문, 쇼핑백 등 다양한 물건을 만들 수 있다.

3 보기 의 뜻에 해당하는 알맞은 낱말을 빈칸에 넣어 문장을 완성하세요.

보기

쓰레기 등을 종류별로 나누어서 버리는 일.

다 쓴 종이를 버릴 때는 꼭 ⬚⬚⬚⬚ 을 해야 해요.

폐지는 다시 펄프로 만들어 새 종이를 만들 수 있거든요.

주제 다지기

주제

💬 이 글에서 가장 중요한 말을 찾아 ○표 하세요.

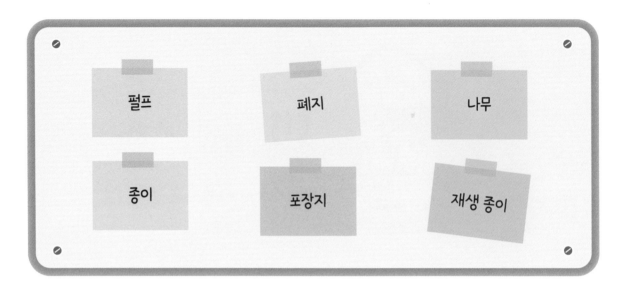

펄프

폐지

나무

종이

포장지

재생 종이

갈래

💬 이 글에 대해서 바르게 말한 친구를 찾아 ○표 하세요.

종이가 만들어지는 과정을 설명하는 글이야.

종이를 만드는 사람들에게 감사하는 마음을 전하는 글이야.

종이는 나무로 만든다는 것을 광고하는 글이야.

정보

··· 종이가 만들어지기까지의 과정이에요. 빈칸에 알맞은 말을 보기 에서 찾아 쓰세요.

보기

펄프   나무   나뭇조각   종이

_____를 베어

햇볕에 말려요.

나무를 기계에 넣어 껍질을 벗기고

작은 _____으로 만들어요.

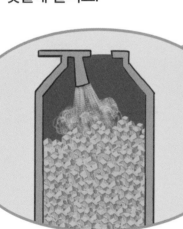

나뭇조각을 통에 넣고 삶아

_____로 만들어요.

펄프를 납작하게 누른 뒤 말려서

_____로 만들어요.

주제 다지기

정보
💬 종이가 만들어지는 과정을 가장 잘 정리한 친구를 찾아 ○표 하세요.

종이는 잘게 자른 나무를 삶아서 걸쭉한 펄프로 만든 다음, 펄프를 납작하게 펴서 만들어요.

다 쓴 공책, 지난 신문, 포장지나 쇼핑백 등을 버릴 때는 분리 배출해야 해요.

매끈하고 하얀 종이로 공책을 만들고, 얇고 누런 종이로는 신문을 만들어요.

재생 종이를 쓰면 나무로 종이를 만드는 것보다 나무와 물을 아낄 수 있어요.

정리
··· 빈칸에 알맞은 말을 넣어 이 글을 정리하세요.

종이의 시작

105년쯤, 중국 관리 _____이 만들었어요.

종이의 재료

종이는 대개_____로 만들어요. 빠르고 값싸게 만들 수 있거든요.

종이 만드는 과정

❶ 햇볕에 잘 말린 나무의 껍질을 벗기고 작은_____으로 만들어요.

❷ 나뭇조각은 _____이 든 통에 넣고 삶아서 죽처럼 끈적거리는 _____를 만들어요.

❸ 그물망 위에서 납작하게 펴진 펄프가 여러 개의 _____을 지나면 물기가 말라 매끈매끈한 종이가 돼요.

재활용

사용 후 버려진_____를 분리해서 배출하면, 다시 깨끗한 펄프로 만들어서 _____를 만들 수 있어요.

생각 글쓰기

💬 친구들이 이 글을 읽고 알게 된 것을 말하고 있어요. 나는 이 글을 읽고 무엇을 알았는지 쓰세요.

나는 이 글을 읽고, 종이를 나무로 만든다는 것을 알았어.

나는 이 글을 읽고, 종이는 중국에서 처음 만들었다는 것을 알았어.

나는 이 글을 읽고, _____ _____ 알았어.

나는 이 글을 읽고, _____ _____ 알았어.

💬 우리는 매일 종이로 만든 수많은 물건을 사용하며 살아요. 이것들이 사라진다면 어떻게 될지 상상하여 쓰세요.

▶ 종이 상자가 사라진다면?

_____

_____

_____

▶ 공책이 사라진다면?

_____

_____

_____

▶ 종이컵이 사라진다면?

_____

_____

_____

스스로 평가하기

글쓰기 비법

어휘 · 반대말
· 직업과 관련된 낱말

문법 · 꾸며 주는 말이 들어 있는 문장

글쓰기 · 편지

어휘 +
반대말

💬 만화를 보면서, 반대말이 무엇인지 알아보세요.

머리에 쏙

반대말은 그 뜻이 서로 정반대되는 관계에 있는 말을 가리켜요.
예 주인 ↔ 손님

💬 밑줄 친 말의 반대말이 들어 있는 문장을 찾아 줄로 이으세요.

버스 안에서 장난을 치면 위험해요.

공공질서를 지켜야 불행한 사고가 일어나지 않아요.

학교에서 친구들을 가르치는 사람은 교사예요.

학생들이 교실에서 수업을 듣고 있어요.

공공장소에서 예절을 지키면 서로 행복해요.

버스에서 서서 갈 때는 손잡이를 잡아야 안전해요.

💬 왼쪽 낱말의 반대말을 찾아 줄로 이으세요.

아이 •

생산 •

불편 •

• 소비

• 어른

• 편리

💬 밑줄 친 낱말의 반대말을 보기 에서 찾아 빈칸에 쓰세요.

보기

음지   환자   자가용   밖

❶ 햇볕이 따뜻한 <u>양지</u>에서 낮잠을 자요.

❷ <u>대중교통</u>을 이용할 때는 공공질서를 지켜야 해요.

❸ 병이 나면 <u>의사</u>의 진찰을 받아요.

❹ 도서관 <u>안</u>에서 음식을 먹으면 안 돼요.

114

직업과 관련된 낱말

💬 직업과 관련된 낱말이 쓰여 있는 칸을 모두 색칠하면 어떤 모양이 나오는지 말하고, 직업과 관련된 낱말을 더 생각해서 쓰세요.

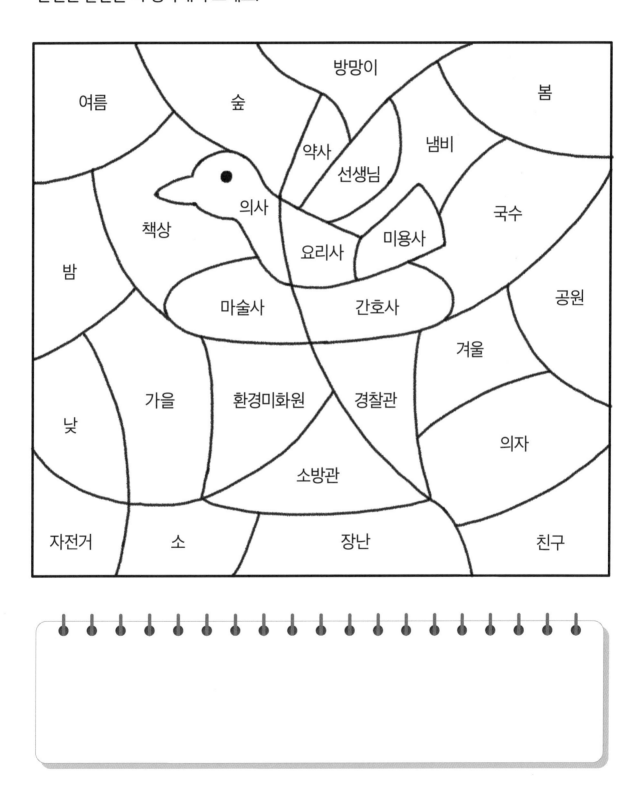

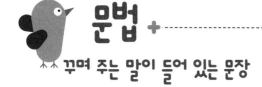
💬 만화를 보고, 빨간색으로 쓰여 있는 문장을 살펴보세요.

머리에 쏙

꾸며 주는 말이 들어 있는 문장

• 어떠한: 사람이나 물건의 성질이나 상태가 어떠한지를 자세히 꾸며 주는 말.

  예 아름다운 풍경화
  　　 어떠한 　무엇

• 어떻게: 사람이나 물건이 어떻게나 어찌하는지를 자세히 꾸며 주는 말.

  예 창문을 빨리 닫는다.
  　　　　 어떻게 어찌하다

116

그림을 나타내는 알맞은 말을 따라 줄을 그어 꾸며 주는 말이 들어 있는 문장을 만드세요.

꾸며 주는 말이 들어 있는 문장

💬 보기 와 같이 '어떠한'에 해당하는 말을 찾아 ○표 하세요.

보기

도서관에서 재미있는 책을 봅니다.

1 박물관에는 신기한 물건이 많습니다.

2 조용한 도서관에서 떠들면 안 됩니다.

3 달리는 버스에서는 손잡이를 잡아야 합니다.

4 버스 안에서 큰 소리로 통화하지 맙시다.

5 미술관에서 아름다운 그림을 봅니다.

💬 보기 와 같이 '어떻게'에 해당하는 말을 찾아 ( )안에 ○표 하세요.

보기

도깨비들이 ⎡ 시끄럽게 (○) ⎤ 떠듭니다.
         ⎣ 시끄러운 (   ) ⎦

① 도깨비들이 집을 ⎡ 커다란 (   ) ⎤ 짓습니다.
                ⎣ 커다랗게 (   ) ⎦

② 독갑이가 머리를 ⎡ 예쁘게 (   ) ⎤ 자릅니다.
                ⎣ 예쁜 (   ) ⎦

③ 독갑이가 거리를 ⎡ 깨끗한 (   ) ⎤ 청소합니다.
                ⎣ 깨끗하게 (   ) ⎦

④ 요리사가 음식을 ⎡ 맛있는 (   ) ⎤ 만듭니다.
                ⎣ 맛있게 (   ) ⎦

⑤ 경찰관이 사람들을 ⎡ 안전하게 (   ) ⎤ 지켜 줍니다.
                  ⎣ 안전한 (   ) ⎦

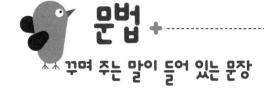

문법 +

꾸며 주는 말이 들어 있는 문장

보기 와 같이 밑줄 친 말을 바르게 고쳐 쓰세요.

보기

소영이는 <u>모르게</u> 문제도 잘 풉니다.

→ 소영이는 <u>모르는</u> 문제도 잘 풉니다.

① 이것은 나무를 <u>자르게</u> 기계입니다.

→ 이것은 나무를 ＿＿＿＿＿＿＿＿＿ 기계입니다.

② 도매 시장에는 <u>많게</u> 물건이 쌓여 있습니다.

→ 도매 시장에는 ＿＿＿＿＿＿＿＿＿ 물건이 쌓여 있습니다.

③ 여기는 종이를 <u>만들게</u> 공장입니다.

→ 여기는 종이를 ＿＿＿＿＿＿＿＿＿ 공장입니다.

④ 나는 <u>두껍게</u> 종이로 상자를 만들었습니다.

→ 나는 ＿＿＿＿＿＿＿＿＿ 종이로 상자를 만들었습니다.

⑤ 배추를 싣고 <u>크게</u> 트럭이 달립니다.

→ 배추를 싣고 ＿＿＿＿＿＿＿＿＿ 트럭이 달립니다.

💬 그림을 보고, 빈칸에 알맞은 말을 보기 에서 찾아 쓰세요.

① 젊은 여자가 _____ 책을 읽습니다.

② 엄마는 _____ 아기를 안고 있습니다.

③ 아저씨가 _____ 통화합니다.

④ 운전기사가 _____ 운전을 합니다.

⑤ 남자아이가 의자에 앉아 _____ 잡니다.

글쓰기 + 편지

글을 읽고, 이 글에 대하여 바르게 말한 친구를 모두 찾아 ○표 하세요.

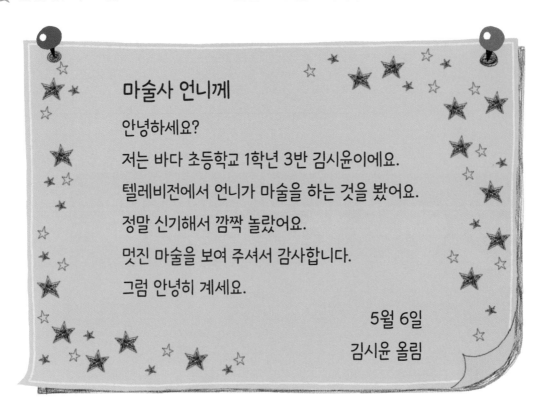

마술사 언니께

안녕하세요?

저는 바다 초등학교 1학년 3반 김시윤이에요.

텔레비전에서 언니가 마술을 하는 것을 봤어요.

정말 신기해서 깜짝 놀랐어요.

멋진 마술을 보여 주셔서 감사합니다.

그럼 안녕히 계세요.

5월 6일

김시윤 올림

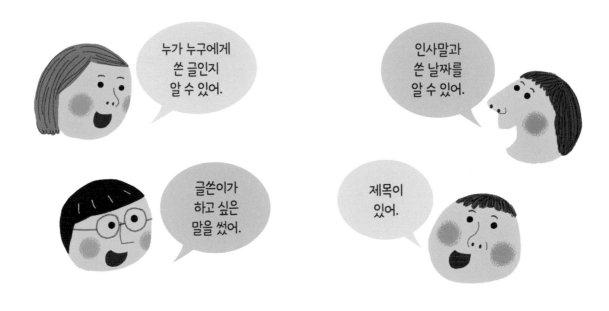

누가 누구에게 쓴 글인지 알 수 있어.

인사말과 쓴 날짜를 알 수 있어.

글쓴이가 하고 싶은 말을 썼어.

제목이 있어.

머리에 쏙

이 글은 편지예요. 편지는 자신의 마음 또는 소식을 전하거나 상대방의 안부를 묻기 위하여 쓴 글이에요.

💬 편지는 어떤 글인지 알맞은 것을 모두 찾아 ( ) 안에 〇표 하세요.

❶ 자신의 마음을 상대방에게 전하는 글　(　　　)

❷ 그날 있었던 인상 깊은 일을 쓰는 글　(　　　)

❸ 상대방에게 자신의 안부를 전하는 글　(　　　)

❹ 상대방의 안부를 묻는 글　　　　　　(　　　)

💬 편지에 대해 바르게 말한 친구에게 〇표 하세요.

편지는 아주 친한 사람에게만 쓰는 거야.

편지는 잘 모르는 사람에게도 쓸 수 있어.

💬 나는 누구에게 어떤 마음을 전하고 싶은지 쓰세요.

❶ 누구에게 (　　　　　　　　　　　)

❷ 전하고 싶은 마음 (　　　　　　　　　)

편지는 그것을 받는 사람이 정해진 글로, 친한 사람뿐만 아니라 잘 모르는 사람에게도 쓸 수 있어요.

💬 편지의 형식을 살펴보고, 빈칸에 알맞은 말을 쓰세요.

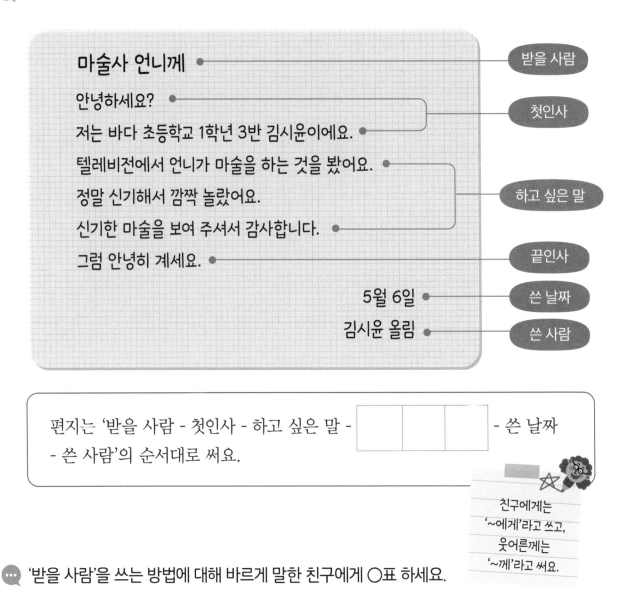

마술사 언니께 ● ── 받을 사람

안녕하세요? ● ── 첫인사

저는 바다 초등학교 1학년 3반 김시윤이에요. ●

텔레비전에서 언니가 마술을 하는 것을 봤어요. ●

정말 신기해서 깜짝 놀랐어요. ── 하고 싶은 말

신기한 마술을 보여 주셔서 감사합니다. ●

그럼 안녕히 계세요. ● ── 끝인사

5월 6일 ● ── 쓴 날짜

김시윤 올림 ● ── 쓴 사람

편지는 '받을 사람 - 첫인사 - 하고 싶은 말 - ☐☐☐ - 쓴 날짜
- 쓴 사람'의 순서대로 써요.

친구에게는
'~에게'라고 쓰고,
웃어른께는
'~께'라고 써요.

💬 '받을 사람'을 쓰는 방법에 대해 바르게 말한 친구에게 ○표 하세요.

받을 사람이 웃어른이면
'~께'라고 써.

받을 사람이 친구이면
'~에게'라고 써.

머리에 쏙

편지는 '받을 사람 - 첫인사 - 하고 싶은 말 - 끝인사 - 쓴 날짜 - 쓴 사람'의 순서대로 써야 해요.

💬 첫인사와 끝인사에 들어갈 내용으로 알맞은 것을 찾아 줄로 이으세요.

| 날씨나 계절에 대한
인사나 안부를 묻는 말 | ● | | ● | 끝인사 |

| 편지를 끝마치며
하는 인사말 | ● | | ● | 첫인사 |

💬 다음은 편지의 형식에 대한 설명이에요. 무엇에 대한 설명인지 (　　) 안에서 알맞은 말을 찾아 ○표 하세요.

> 편지를 쓴 목적이나 상대방에게 알리고 싶은 내용, 묻고 싶은 말 등은
>
> (하고 싶은 말 / 쓴 사람)이에요.

💬 웃어른께 편지를 보낼 때 '쓴 사람'을 쓰는 방법으로 알맞은 것에 ○표 하세요.

❶ 이름 뒤에 '씀'이라고 써요. (　　　　)

❷ 이름 뒤에 '올림'이나 '드림'이라고 써요. (　　　　)

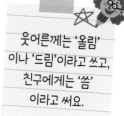

웃어른께는 '올림'
이나 '드림'이라고 쓰고,
친구에게는 '씀'
이라고 써요.

 머리에 쏙

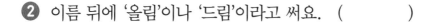

편지는 자신이 전하고 싶은 마음이 분명하게 나타나도록 쓰고, 예의 바른 표현으로 써야 해요.

글쓰기 편지

💬 123쪽에 쓴 내용과 아래 편지를 바탕으로 편지를 쓰세요.

사랑 병원 의사 선생님께 ●　　　　　받을 사람 앞에 꾸며 주는 말을 쓰면 좋아.

의사 선생님, 안녕하세요? ●　　　　　첫인사는 계절 인사를 쓰거나 안부를 물어.

저는 김진서예요.

어제 감기에 걸려 병원에 갔는데요, 치료를 ●　　　　　하고 싶은 말을 분명히 드러나게 써.

받았더니 오늘은 별로 안 아파요.

감사합니다. 그리고 제가 주사 맞고 울 때

사탕을 주셔서 고마웠습니다.

선생님 말씀대로 음식을 골고루 먹고,

외출했다가 집에 들어오면 손도

깨끗이 씻을게요.

그럼 안녕히 계세요. ●　　　　　끝인사를 하며 편지를 마무리해.

2월 13일 ●　　　　　편지를 쓴 날짜를 써.

김진서 올림 ●　　　　　누가 편지를 썼는지 써.

126

MEMO

메가스터디BOOKS

교과 주제로 시작하는

초등 메가 독서 논술

2022 개정
교육과정 반영
개정증보판

정답 및 예시 답안

초등 1~2학년 이웃과 직업

A3

읽기 전
생각 깨우기

💬 공공장소에서 하지 말아야 할 행동을 하는 친구들이 있어요. 이 친구들에게 무엇이라고 말해야 할까요? 빈칸에 알맞은 말을 쓰세요.

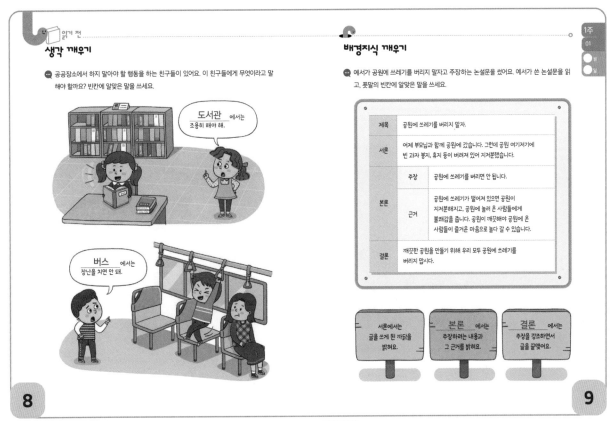

도서관 에서는 조용히 해야 해.

버스 에서는 장난을 치면 안 돼.

도움말 공공질서에 대하여 알아보는 문제입니다. 여러 사람이 이용하는 공공장소에서는 어떻게 행동해야 하는지 아이들과 함께 이야기를 나누어 보세요.

배경지식 깨우기

💬 예서가 공원에 쓰레기를 버리지 말자고 주장하는 논설문을 썼어요. 예서가 쓴 논설문을 읽고, 푯말의 빈칸에 알맞은 말을 쓰세요.

제목	공원에 쓰레기를 버리지 말자.	
서론	어제 부모님과 함께 공원에 갔습니다. 그런데 공원 여기저기에 빈 과자 봉지, 휴지 등이 버려져 있어 지저분했습니다.	
본론	주장	공원에 쓰레기를 버리면 안 됩니다.
	근거	공원에 쓰레기가 떨어져 있으면 공원이 지저분해지고, 공원에 놀러 온 사람들에게 불쾌감을 줍니다. 공원이 깨끗해야 공원에 온 사람들이 즐거운 마음으로 놀다 갈 수 있습니다.
결론	깨끗한 공원을 만들기 위해 우리 모두 공원에 쓰레기를 버리지 맙시다.	

서론 에서는 글을 쓰게 된 까닭을 밝혀요.

본론 에서는 주장하려는 내용과 그 근거를 밝혀요.

결론 에서는 주장을 강조하면서 글을 끝맺어요.

도움말 논설문의 형식을 알아보는 문제입니다. 논설문은 서론, 본론, 결론으로 나누어 씁니다.

읽기 전
배경지식 깨우기

💬 공공장소에 붙어 있는 여러 가지 기호예요. 무슨 뜻인지 알맞은 내용을 찾아 줄로 이으세요.

'조용히 하세요.'라는 뜻이에요. 도서관이나 미술관, 박물관에서 볼 수 있어요.

'위험하니 문에 기대지 마세요.'라는 뜻이에요. 엘리베이터나 지하철 문에서 볼 수 있어요.

'먹을 것을 가지고 들어오면 안 돼요.'라는 뜻이에요. 박물관, 미술관, 도서관에서 볼 수 있어요.

'사진을 찍지 마세요.'라는 뜻이에요. 박물관이나 미술관에서 볼 수 있어요.

'전시물이 망가질 수 있으니 손대지 마세요.'라는 뜻이에요. 박물관이나 미술관에서 볼 수 있어요.

도움말 기호를 잘 살펴보면 무슨 뜻인지 알 수 있습니다. 아이들이 기호의 뜻이 무엇인지 생각해 보도록 지도해 주세요.

어휘 깨우기

💬 보기 의 낱말과 뜻풀이를 보고, 빈칸에 들어갈 알맞은 낱말을 보기 에서 찾아 쓰세요.

보기
불쾌감 기분이 좋지 않고 못마땅한 느낌이에요.
대중교통 여러 사람이 함께 이용하는 버스, 기차, 비행기 등의 교통수단이에요.
반납 빌린 물건을 돌려주는 거예요.
공공장소 여러 사람이나 단체가 함께 이용하는 곳이에요.

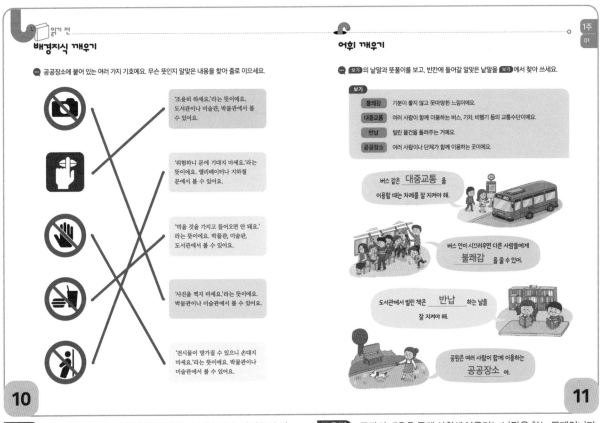

버스 같은 대중교통 을 이용할 때는 차례를 잘 지켜야 해.

버스 안이 시끄러우면 다른 사람들에게 불쾌감 을 줄 수 있어.

도서관에서 빌린 책은 반납 하는 날을 잘 지켜야 해.

공원은 여러 사람이 함께 이용하는 공공장소 야.

도움말 문장의 내용을 통해 상황에 어울리는 낱말을 찾는 문제입니다.

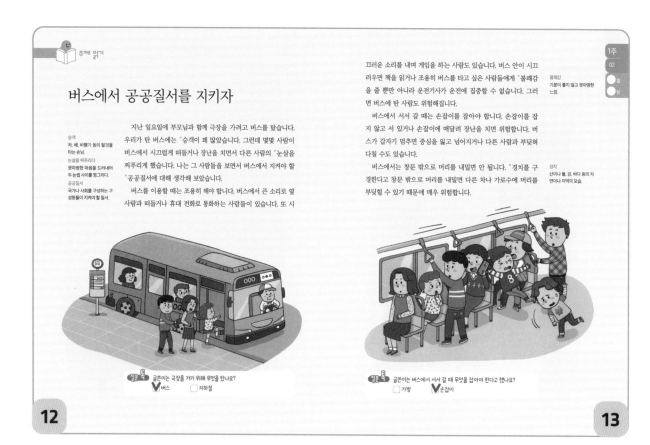

버스에서 공공질서를 지키자

승객
차, 배, 비행기 등의 탈것을 타는 손님.

눈살을 찌푸리다
못마땅한 마음을 드러내어 두 눈썹 사이를 찡그리다.

공공질서
국가나 사회를 구성하는 구성원들이 지켜야 할 질서.

지난 일요일에 부모님과 함께 극장을 가려고 버스를 탔습니다. 우리가 탄 버스에는 °승객이 꽤 많았습니다. 그런데 몇몇 사람이 버스에서 시끄럽게 떠들거나 장난을 치면서 다른 사람의 °눈살을 찌푸리게 했습니다. 나는 그 사람들을 보면서 버스에서 지켜야 할 °공공질서에 대해 생각해 보았습니다.

버스를 이용할 때는 조용히 해야 합니다. 버스에서 큰 소리로 옆 사람과 떠들거나 휴대 전화로 통화하는 사람들이 있습니다. 또 시

끄러운 소리를 내며 게임을 하는 사람도 있습니다. 버스 안이 시끄러우면 책을 읽거나 조용히 버스를 타고 싶은 사람들에게 °불쾌감을 줄 뿐만 아니라 운전기사가 운전에 집중할 수 없습니다. 그러면 버스에 탄 사람도 위험해집니다.

버스에서 서서 갈 때는 손잡이를 잡아야 합니다. 손잡이를 잡지 않고 서 있거나 손잡이에 매달려 장난을 치면 위험합니다. 버스가 갑자기 멈추면 중심을 잃고 넘어지거나 다른 사람과 부딪혀 다칠 수도 있습니다.

버스에서는 창문 밖으로 머리를 내밀면 안 됩니다. °경치를 구경한다고 창문 밖으로 머리를 내밀면 다른 차나 가로수에 머리를 부딪힐 수 있기 때문에 매우 위험합니다.

불쾌감
기분이 좋지 않고 못마땅한 느낌.

경치
산이나 들, 강, 바다 등의 자연이나 지역의 모습.

낱말 확인 글쓴이는 극장을 가기 위해 무엇을 탔나요?
☑ 버스　☐ 지하철

낱말 확인 글쓴이는 버스에서 서서 갈 때 무엇을 잡아야 한다고 했나요?
☐ 가방　☑ 손잡이

12　13

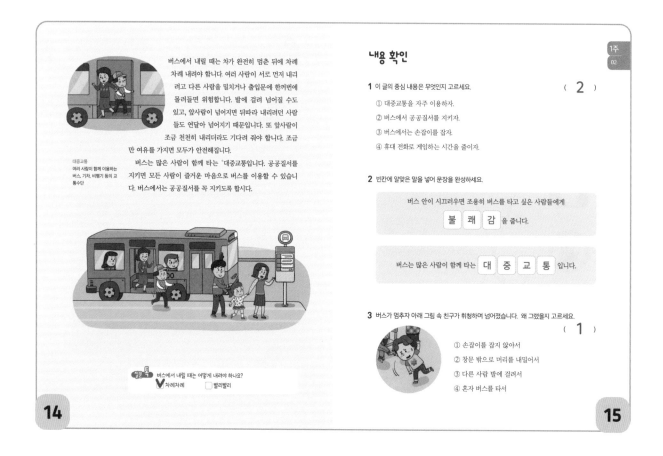

대중교통
여러 사람이 함께 이용하는 버스, 기차, 비행기 등의 교통수단.

버스에서 내릴 때는 차가 완전히 멈춘 뒤에 차례차례 내려야 합니다. 여러 사람이 서로 먼저 내리려고 다른 사람을 밀치거나 출입문에 한꺼번에 몰려들면 위험합니다. 발에 걸려 넘어질 수도 있고, 앞사람이 넘어지면 뒤따라 내리려던 사람들도 연달아 넘어지기 때문입니다. 또 앞사람이 조금 천천히 내리더라도 기다려 줘야 합니다. 조금만 여유를 가지면 모두가 안전해집니다.

버스는 많은 사람이 함께 타는 °대중교통입니다. 공공질서를 지키면 모든 사람이 즐거운 마음으로 버스를 이용할 수 있습니다. 버스에서는 공공질서를 꼭 지키도록 합시다.

낱말 확인 버스에서 내릴 때는 어떻게 내려야 하나요?
☑ 차례차례　☐ 빨리빨리

14

내용 확인

1주
02

1 이 글의 중심 내용은 무엇인지 고르세요. 　(2)

① 대중교통을 자주 이용하자.
② 버스에서 공공질서를 지키자.
③ 버스에서는 손잡이를 잡자.
④ 휴대 전화로 게임하는 시간을 줄이자.

2 빈칸에 알맞은 말을 넣어 문장을 완성하세요.

버스 안이 시끄러우면 조용히 버스를 타고 싶은 사람들에게

| 불 | 쾌 | 감 | 을 줍니다.

버스는 많은 사람이 함께 타는 | 대 | 중 | 교 | 통 | 입니다.

3 버스가 멈추자 아래 그림 속 친구가 휘청거리며 넘어졌습니다. 왜 그랬을지 고르세요.
　(1)

① 손잡이를 잡지 않아서
② 창문 밖으로 머리를 내밀어서
③ 다른 사람 발에 걸려서
④ 혼자 버스를 타서

15

읽은 후

주제 다지기

내용

친구들이 버스를 이용할 때 공공질서를 지키자고 주장하고 있어요. 친구들이 주장하는 내용에 알맞은 근거를 찾아 줄로 이으세요.

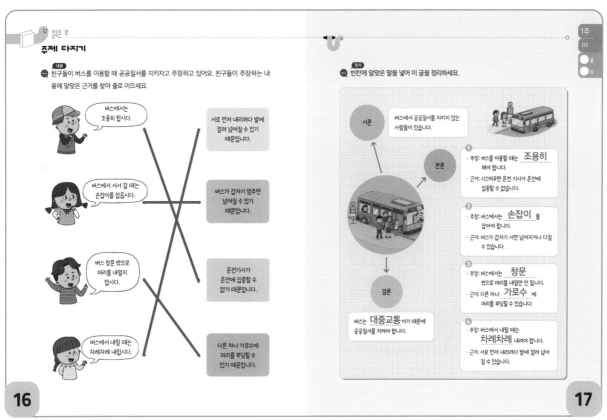

정리

빈칸에 알맞은 말을 넣어 이 글을 정리하세요.

서론 : 버스에서 공공질서를 지키지 않는 사람들이 있습니다.

본론
1. · 주장: 버스를 이용할 때는 **조용히** 해야 합니다.
   · 근거: 시끄러우면 운전 기사가 운전에 집중할 수 없습니다.
2. · 주장: 버스에서는 **손잡이** 를 잡아야 합니다.
   · 근거: 버스가 갑자기 서면 넘어지거나 다칠 수 있습니다.
3. · 주장: 버스에서는 **창문** 밖으로 머리를 내밀면 안 됩니다.
   · 근거: 다른 차나 **가로수** 에 머리를 부딪힐 수 있습니다.
4. · 주장: 버스에서 내릴 때는 **차례차례** 내려야 합니다.
   · 근거: 서로 먼저 내리려다 발에 걸려 넘어질 수 있습니다.

결론 : 버스는 **대중교통**이기 때문에 공공질서를 지켜야 합니다.

16

17

도움말 글쓴이가 주장하는 내용과 그 근거를 알아보는 문제입니다. 글의 내용을 떠올리며 주장과 이를 뒷받침하는 근거가 무엇일지 생각해 보게 하세요.

도움말 글을 도식화하여 요약 정리해 보는 문제입니다. 내용이 기억나지 않으면 글을 다시 읽어 보면서 알맞은 내용을 쓰도록 지도해 주세요.

읽은 후

생각 글쓰기

아래는 버스에서 흔히 볼 수 있는 안내문이에요. 이 안내문에서 지키자고 주장하는 내용이 무엇인지 쓰고, 이를 지키지 않았을 때 생길 수 있는 문제를 두 가지 적으세요.

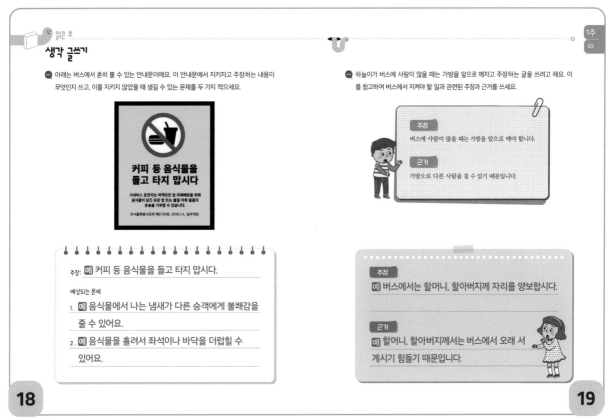

하늘이가 버스에 사람이 많을 때는 가방을 앞으로 메자고 주장하는 글을 쓰려고 해요. 이를 참고하여 버스에서 지켜야 할 일과 관련된 주장과 근거를 쓰세요.

주장
커피 등 음식물을 들고 타지 맙시다

주장 : **예** 커피 등 음식물을 들고 타지 맙시다.

예상되는 문제
1. **예** 음식물에서 나는 냄새가 다른 승객에게 불쾌감을 줄 수 있어요.
2. **예** 음식물을 흘려서 좌석이나 바닥을 더럽힐 수 있어요.

주장
버스에 사람이 많을 때는 가방을 앞으로 메야 합니다.

근거
가방으로 다른 사람을 칠 수 있기 때문입니다.

주장
예 버스에서는 할머니, 할아버지께 자리를 양보합시다.

근거
예 할머니, 할아버지께서는 버스에서 오래 서 계시기 힘들기 때문입니다.

18

19

도움말 버스 안내문을 보고 안내문에서 주장하는 내용과 주장의 근거를 생각해 보는 문제입니다. 아이가 자신의 경험을 떠올려 볼 수 있도록 지도해 주세요.

도움말 주장하는 글을 쓸 때는 주장하는 내용에 알맞은 근거를 밝혀야 합니다. 버스에서 지켜야 하는 공공질서는 무엇인지, 그 공공질서를 지켜야 하는 까닭은 무엇인지 등을 이야기해 보세요.

도서관에서 규칙을 지키자

나는 집 가까이에 있는 어린이 도서관에 가는 것을 무척 좋아합니다. 어린이 도서관에는 내가 좋아하는 동화책과 어린이 잡지가 많습니다. 의자와 책상도 어린이에게 맞춰져 있어 책을 읽기도 편합니다. 또 읽고 싶은 책을 빌려 와서 집에서 읽을 수 있습니다. 그런데 도서관에서 종종 하지 말아야 하는 행동을 하는 친구들이 있습니다.

도서관에서는 과자나 음료수를 먹지 말아야 합니다. 과자를 먹거나 음료수를 마실 때 나는 소리, 특히 과자 봉지에서 나는 *바

*바스락거리다
마른 잎이나 종이 등을 가볍게 밟거나 뒤적이는 소리가 자꾸 나다.

스락거리는 소리는 다른 사람이 책 읽는 것을 방해합니다. 음료수를 마시다가 책에 흘려서 책에 얼룩을 남기는 경우도 많습니다. 더구나 과자 부스러기 때문에 개미나 바퀴벌레 같은 벌레가 생길 수 있습니다. 벌레들은 도서관의 책장이나 책을 망가뜨립니다.

도서관의 책은 깨끗하게 읽어야 합니다. 도서관 책은 여러 사람이 함께 보기 때문입니다. 도서관에서 빌린 책 중에는 얼룩이 묻어 있거나 심하게 구겨진 책이 있습니다. 밑줄을 그어 놓았거나 낙서가 있기도 합니다. 심지어 중간이 찢어진 책도 있습니다. 사람은 누구나 깨끗한 책을 읽고 싶어 합니다. 나도 새 책처럼 깨끗한 책을 빨리 읽고 싶어집니다. 그런데 얼룩이 묻고 구겨진 책을 보면 읽고 싶은 마음도 사라집니다. 찢어진 부분은 읽을 수도 없습니다. 다음 사람이 기분 좋게 책을 볼 수 있도록 도서관의 책을 깨끗하게 읽도록 합시다.

질문톡 글쓴이가 좋아하는 책은 무엇인가요?
☑ 동화책 ☐ 과학책

질문톡 과자 부스러기를 흘리면 무엇이 생길 수 있나요?
☑ 벌레 ☐ 음료수

20

21

*반납
빌린 물건을 돌려주는 것.

도서관에서 빌린 책은 *반납하는 날을 꼭 지켜야 합니다. 그 책을 읽고 싶어 하는 사람이 기다리기 때문입니다. 언젠가 읽고 싶은 동화책이 있었는데, 앞서 빌려 간 사람이 제날짜에 도서관에 돌려주지 않아서 오랫동안 기다린 적이 있었습니다. 특히 많은 사람이 보고 싶어 하는 책은 많은 사람이 기다리니까 꼭 제날짜에 도서관에 돌려주어야 합니다.

도서관은 여러 사람이 함께 책을 읽는 곳입니다. 도서관에서는 음식을 먹지 말고, 책을 깨끗이 읽도록 합시다. 또 빌린 책은 꼭 제날짜에 돌려주도록 합시다.

*규칙
여러 사람이 다 같이 지키기로 정한 법칙.

도서관의 *규칙을 잘 지키면 모든 사람이 즐겁게 도서관을 이용할 수 있습니다.

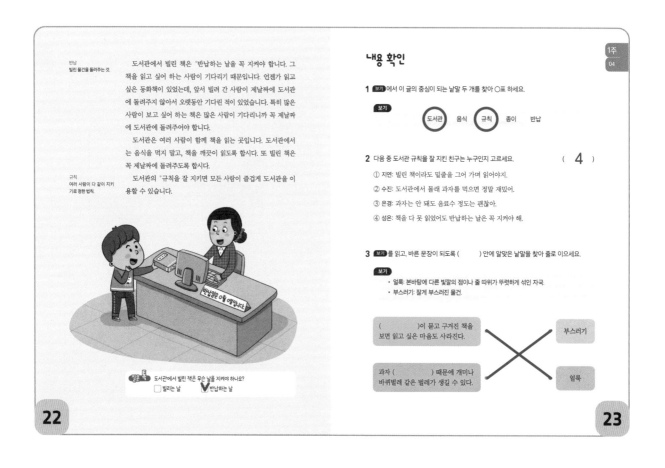

반납일은 0월 0일입니다.

질문톡 도서관에서 빌린 책은 무슨 날을 지켜야 하나요?
☐ 빌리는 날 ☑ 반납하는 날

22

내용 확인

1 보기 에서 이 글의 중심이 되는 낱말 두 개를 찾아 ○표 하세요.

보기

〔도서관〕 음식 〔규칙〕 종이 반납

2 다음 중 도서관 규칙을 잘 지킨 친구는 누구인지 고르세요. (4)

① 지연: 빌린 책이라도 밑줄을 그어 가며 읽어야지.

② 수진: 도서관에서 몰래 과자를 먹으면 정말 재밌어.

③ 은경: 과자는 안 돼도 음료수 정도는 괜찮아.

④ 성은: 책을 다 못 읽었어도 반납하는 날은 꼭 지켜야 해.

3 보기 를 읽고, 바른 문장이 되도록 ( ) 안에 알맞은 낱말을 찾아 줄로 이으세요.

보기
• 얼룩: 본바탕에 다른 빛깔의 점이나 줄 따위가 뚜렷하게 섞인 자국.
• 부스러기: 잘게 부스러진 물건.

( )이 묻고 구겨진 책을 보면 읽고 싶은 마음도 사라진다.   부스러기

과자 ( ) 때문에 개미나 바퀴벌레 같은 벌레가 생길 수 있다.   얼룩

23

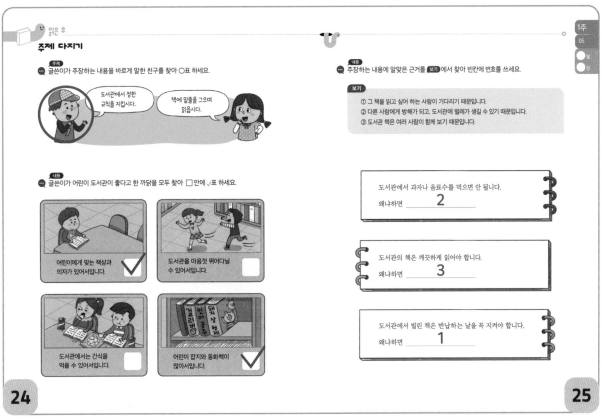

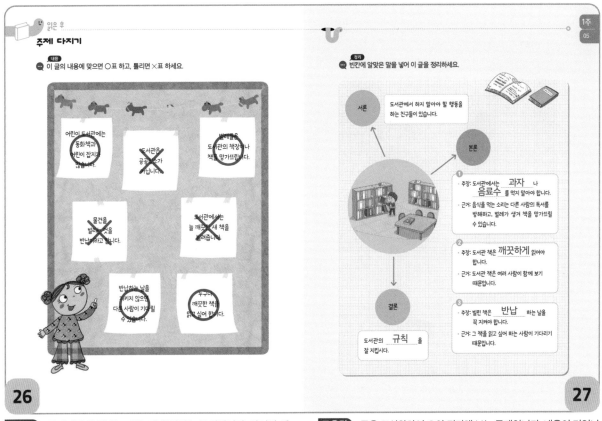

도움말 글의 중심 내용을 파악하는 문제입니다. 논설문은 글의 결론 부분이 중심 내용이라고 할 수 있습니다.
도움말 글을 꼼꼼히 읽었는지 알아보는 문제입니다.

도움말 글쓴이가 주장하는 내용과 그 근거를 찾는 문제입니다. 주장하는 내용에 알맞은 근거를 찾을 때는 그 근거가 옳은지에 대해서 논리적으로 따져 보는 것도 좋은 방법입니다.

도움말 글의 내용을 잘 알고 있는지 확인하는 문제입니다. 아이가 헷갈려 하면 필요한 부분을 찾아서 다시 읽어 보게 해 주세요.

도움말 글을 도식화하여 요약 정리해 보는 문제입니다. 내용이 기억나지 않으면 글을 다시 읽어 보면서 알맞은 내용을 쓰도록 지도해 주세요.

생각 글쓰기

아래 글을 참고하여 '도서관에서 뛰어다니지 맙시다'라고 주장하는 글의 개요를 쓰세요.

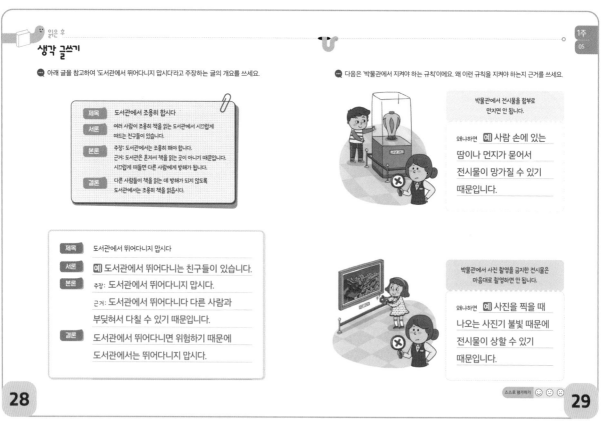

다음은 '박물관에서 지켜야 하는 규칙'이에요. 왜 이런 규칙을 지켜야 하는지 근거를 쓰세요.

제목	도서관에서 조용히 합시다
서론	여러 사람이 조용히 책을 읽는 도서관에서 시끄럽게 떠드는 친구들이 있습니다.
본론	주장: 도서관에서는 조용히 해야 합니다. 근거: 도서관은 혼자서 책을 읽는 곳이 아니기 때문입니다. 시끄럽게 떠들면 다른 사람에게 방해가 됩니다.
결론	다른 사람들이 책을 읽는 데 방해가 되지 않도록 도서관에서는 조용히 책을 읽습니다.

제목	도서관에서 뛰어다니지 맙시다
서론	예 도서관에서 뛰어다니는 친구들이 있습니다.
본론	주장: 도서관에서 뛰어다니지 맙시다. 근거: 도서관에서 뛰어다니다 다른 사람과 부딪혀서 다칠 수 있기 때문입니다.
결론	도서관에서 뛰어다니면 위험하기 때문에 도서관에서는 뛰어다니지 맙시다.

박물관에서 전시물을 함부로 만지면 안 됩니다.

왜냐하면 예 사람 손에 있는 땀이나 먼지가 묻어서 전시물이 망가질 수 있기 때문입니다.

박물관에서 사진 촬영을 금지한 전시물은 마음대로 촬영하면 안 됩니다.

왜냐하면 예 사진을 찍을 때 나오는 사진기 불빛 때문에 전시물이 상할 수 있기 때문입니다.

28

스스로 평가하기 ☺ ☺ ☹

29

도움말 논설문을 쓰기 전에 개요를 정리하면 서론, 본론, 결론의 중심 내용을 빠뜨리지 않아 논지가 분명한 글을 쓸 수 있습니다.

도움말 아이가 어려워하면 박물관의 역할에는 유물을 전시하는 것뿐 아니라 유물들을 안전하게 보존하는 것도 있다고 알려 주세요.

읽기 전

생각 깨우기

두 나라의 어린이가 밥 먹는 모습을 보고, 보기 에서 닮은 점과 다른 점을 찾아 빈칸에 번호를 쓰세요.

보기 에 있는 나라 중 내가 가고 싶은 나라는 어디인가요? 함께 가고 싶은 사람과 가고 싶은 까닭을 빈칸에 쓰세요.

보기

① 음식의 종류　② 민속 의상의 모양　③ 민속 의상을 입은 점
④ 먹는 방법　⑤ 피부 색깔　⑥ 나이가 어린 것

닮은 점
3, 6

다른 점
1, 2, 4, 5

보기

중국　이집트

오스트레일리아　핀란드

어디로?	이집트	어디로?	예 오스트레일리아
누구랑?	엄마, 아빠	누구랑?	예 엄마, 아빠, 동생
왜냐하면	이집트에 가서 피라미드도 보고, 사막 바람도 느끼고 싶다.	왜냐하면	예 캥거루가 넓은 땅에서 뛰어다니는 모습을 직접 보고 싶다.

32

33

도움말 방글라데시 아이와 일본 아이의 모습을 보면서 닮은 점과 다른 점을 알아봅니다. 예를 들어 둘 다 아이이므로 나이가 어린 것은 닮은 점이고, 손가락과 젓가락을 사용하므로 먹는 방법은 다른 점입니다.

도움말 이웃 나라에 관심을 갖고, 가 보고 싶은 나라를 생각해 봅니다. 알고 있는 다른 나라에 대해 써도 됩니다.

읽기 전

배경지식 깨우기

😀 그림을 보고, 어느 나라에서 온 가족인지 알맞은 설명을 찾아 〇표 하세요.

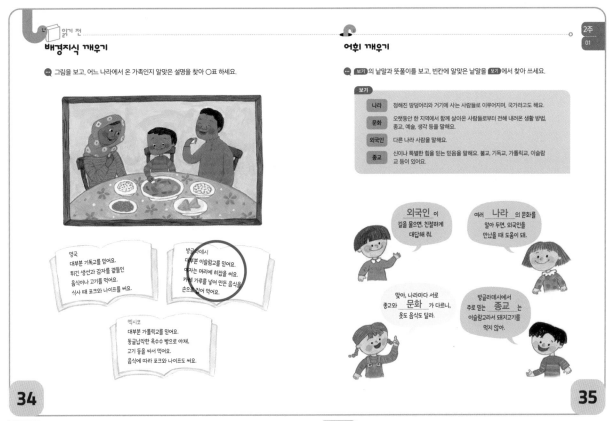

영국
대부분 기독교를 믿어요.
튀긴 생선과 감자를 곁들인
음식이나 고기를 먹어요.
식사 때 포크와 나이프를 써요.

방글라데시
대부분 이슬람교를 믿어요.
여자는 머리에 히잡을 써요.
카레 가루를 넣어 만든 음식을
손으로 집어 먹어요.

멕시코
대부분 가톨릭교를 믿어요.
동글납작한 옥수수 빵으로 야채,
고기 등을 싸서 먹어요.
음식에 따라 포크와 나이프도 써요.

어휘 깨우기

😀 보기 의 낱말과 뜻풀이를 보고, 빈칸에 알맞은 낱말을 보기 에서 찾아 쓰세요.

보기

나라	정해진 땅덩어리와 거기에 사는 사람들로 이루어지며, 국가라고도 해요.
문화	오랫동안 한 지역에서 함께 살아온 사람들로부터 전해 내려온 생활 방법, 종교, 예술, 생각 등을 말해요.
외국인	다른 나라 사람을 말해요.
종교	신이나 특별한 힘을 믿음을 말해요. 불교, 기독교, 가톨릭교, 이슬람교 등이 있어요.

외국인 이 길을 물으면, 친절하게 대답해 줘.

여러 **나라** 의 문화를 알아 두면, 외국인을 만났을 때 도움이 돼.

맞아, 나라마다 서로 종교와 **문화** 가 다르니, 옷도 음식도 달라.

방글라데시에서 주로 믿는 **종교** 는 이슬람교라서 돼지고기를 먹지 않아.

도움말 옷차림이나 음식의 종류, 음식을 먹는 문화 등을 살펴 어느 나라 사람인지 유추하는 문제입니다. 그림과 아래 설명을 잘 살펴보게 해 주세요.

도움말 <보기>를 보고, 낱말과 뜻풀이를 익힌 다음, 문장 속에서 어떻게 쓰이는지 살펴봅니다. 이 활동을 통해 낱말의 뜻을 명확히 알아봅니다.

주제 읽기

칸이 이사 온 날

"쿵쿵, 드르륵드르륵 쿵!"
아침부터 집 밖이 무척 시끄럽고 *분주했어요. 나는 이불 밖으로 나가기 싫었지만 궁금해서 창문을 열어 보았어요.

분주하다
바쁘고 수선스럽다.

"옆집에 이사 오는 소리구나. 한겨울에 이사를 하다니 추워서 힘들겠다. 어?"
나는 창밖을 보다가 깜짝 놀랐어요. 옆집으로 들어가는 사람들이 얼굴이 까무잡잡한 *외국인이었거든요.

외국인
다른 나라 사람.

"으, 우리랑 너무 다르게 생겼는걸. 왠지 무서워 보이네."
그때였어요. 아빠가 옆집 아저씨와 말하는 소리가 들렸어요.

"이삿짐이 많네요. 아내는 외출 중이니 아들을…… 윤이야!"
나는 어쩔 수 없이 *뭉그적대며 밖으로 나갔어요.

뭉그적대다
나아가지 못하고 제자리에서 약간 큰 동작으로 자꾸 게으르게 행동하다.

"아빠와 같은 회사에 다니는 마하토 아저씨야. 몇 년 전에 방글라데시에서 오셨어."
내가 꾸벅 인사하자 아저씨는 환하게 웃으며 우리말로 인사했어요. 그때 내 또래로 보이는 친구가 다가와 머뭇머뭇 말했어요.
"앗살라무 알라이쿰!"
'무슨 말이지? 우리말 인사도 못하다니. 기분 나빠!'
내가 낯선 외국어에 *뚱한 표정을 하자 아저씨가 말했어요.

뚱하다
못마땅하여 시무룩하다.

"윤아, 애는 내 아들인데, 이름은 칸이란다. 지금 한 말은 신의 평화가 깃들기 바란다는 방글라데시 인사야. 인사하렴."
나는 *마지못해 작은 소리로 "안녕!" 하고 말했어요.

마지못하다
마음이 내키지 않지만 그렇게 하지 않을 수 없다.

집중! 톡 옆집에 이웃이 이사 온 계절은 언제인가요?
☐ 여름 ☑ 겨울

집중! 톡 옆집에 이사 온 아저씨는 어디서 왔나요?
☑ 방글라데시 ☐ 북한

서투르다
어떤 일에 익숙하지 못해 빈틈이 있다.

그러자 아빠가 나를 가까이 부르더니 말했어요.

"칸은 올봄에 우리나라에 와서 한국어가 아직 *서투르단다. 네가 친하게 지내며 좀 가르쳐 주렴! 지금은 칸의 엄마부터 도와드리고!"

나는 입을 한 번 삐죽이고, 바로 아주머니께 달려갔지요.

"안녕하세요, 전 윤이예요! 뭘 도와드릴까요?"

"이걸 옮겨 주렴. 도와줘서 고마워!"

종교
신이나 특별한 힘을 믿는 믿음. 불교, 기독교, 가톨릭교, 이슬람교가 있다.

나라
정해진 땅덩어리와 거기에 사는 사람들로 이루어지며, 국가라고도 함.

아주머니가 땀을 닦으며 말했어요. 그런데 아주머니는 땀이 나는데도 머리에 쓴 수건은 벗지 않았어요. 내가 이상하다는 듯이 쳐다보자, 아주머니가 웃으며 말했어요.

"이건 히잡이야. 방글라데시의 *종교는 이슬람교야. 이슬람교를 믿는 *나라의 여자들은 밖에 나갈 때 머리에 히잡을 쓴단다."

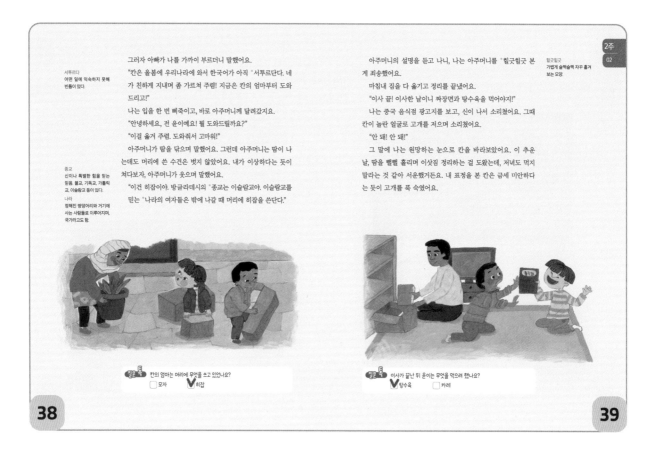

질문톡 칸의 엄마는 머리에 무엇을 쓰고 있나요?
☐ 모자 ☑ 히잡

38

아주머니의 설명을 듣고 나니, 나는 아주머니를 *힐긋힐긋 본 게 죄송했어요.

힐긋힐긋
가볍게 슬쩍슬쩍 자꾸 흘겨보는 모양.

마침내 짐을 다 옮기고 정리를 끝냈어요.

"이사 끝! 이사 온 날이니 짜장면과 탕수육을 먹어야지!"

나는 중국 음식점 광고지를 보고, 신이 나서 소리쳤어요. 그때 칸이 놀란 얼굴로 고개를 저으며 소리쳤어요.

"안 돼! 안 돼!"

그 말에 나는 원망하는 눈으로 칸을 바라보았어요. 이 추운 날, 땀을 뻘뻘 흘리며 이삿짐 정리하는 걸 도왔는데, 저녁도 먹지 말라는 것 같아 서운했거든요. 내 표정을 본 칸은 금세 미안하다는 듯이 고개를 푹 숙였어요.

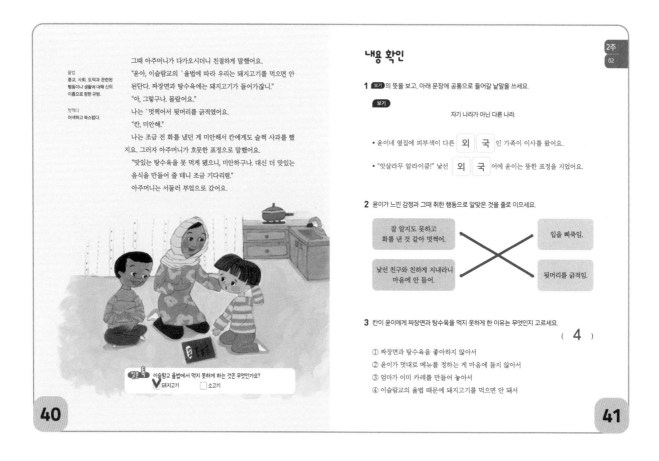

질문톡 이사가 끝난 뒤 윤이는 무엇을 먹으려 했나요?
☑ 탕수육 ☐ 카레

율법
종교, 사회, 도덕과 관련된 행동이나 생활에 대해 신의 이름으로 정한 규범.

멋쩍다
어색하고 쑥스럽다.

그때 아주머니가 다가오시더니 친절하게 말했어요.

"윤아, 이슬람교의 *율법에 따라 우리는 돼지고기를 먹으면 안 된단다. 짜장면과 탕수육에는 돼지고기가 들어가잖니."

"아, 그렇구나. 몰랐어요."

나는 *멋쩍어서 뒷머리를 긁적였어요.

"칸, 미안해."

나는 조금 전 화를 냈던 게 미안해서 칸에게도 슬쩍 사과를 했지요. 그러자 아주머니가 흐뭇한 표정으로 말했어요.

"맛있는 탕수육을 못 먹게 됐으니, 미안하구나. 대신 더 맛있는 음식을 만들어 줄 테니 조금 기다리렴."

아주머니는 서둘러 부엌으로 갔어요.

질문톡 이슬람교 율법에서 먹지 못하게 하는 것은 무엇인가요?
☑ 돼지고기 ☐ 소고기

40

내용 확인

1 보기 의 뜻을 보고, 아래 문장에 공통으로 들어갈 낱말을 쓰세요.

보기

자기 나라가 아닌 다른 나라.

• 윤이네 옆집에 피부색이 다른 **외 국** 인 가족이 이사를 왔어요.

• "앗살라무 알라이쿰!" 낯선 **외 국** 어에 윤이는 뚱한 표정을 지었어요.

2 윤이가 느낀 감정과 그때 취한 행동으로 알맞은 것을 줄로 이으세요.

| 잘 알지도 못하고 화를 낸 것 같아 멋쩍어. | | 입을 삐죽임. |
| 낯선 친구와 친하게 지내라니 마음에 안 들어. | | 뒷머리를 긁적임. |

3 칸이 윤이에게 짜장면과 탕수육을 먹지 못하게 한 이유는 무엇인지 고르세요.

(**4**)

① 짜장면과 탕수육을 좋아하지 않아서
② 윤이가 멋대로 메뉴를 정하는 게 마음에 들지 않아서
③ 엄마가 이미 카레를 만들어 놓아서
④ 이슬람교의 율법 때문에 돼지고기를 먹으면 안 돼서

슬그머니
남이 알아차리지 못하게 슬
며시.

내가 심심해하자 칸은 가족 앨범을 가져오더니 *슬그머니 내밀었어요. 앨범 속에는 방글라데시에서 찍은 칸의 가족사진이 있었지요. 사진 속에 있는 여자들은 모두 히잡을 쓰고 있었어요. 그런데 사진 속에는 자전거랑 비슷하게 생긴 탈것이 있었어요.

나는 용기를 내어 칸에게 물었어요.

"칸, 이게 뭐야? 자전거 같은데, 뒤에 큰 의자가 있네."

"릭샤! 우리나라에 릭샤 많아. 나 많이 탔어. 릭샤 편해."

"아, 자전거처럼 생긴 택시인 거지? 말해 줘서 고마워."

나는 앨범을 보면서 칸과 가까워진 것 같아 기분이 좋았어요.

"얘들아, 이제 나오렴. 음식 다 됐다!"

아주머니가 큰 소리로 불렀어요.

"이건 카레 가루를 넣어 만든 반찬이고, 이건 야채를 넣은 사모사야. 우리 방글라데시 사람들이 먹는 음식인데 맛있단다."

아저씨는 밥에 카레 가루로 만든 반찬을 얹어 오른손으로 뭉쳤어요. 아빠와 칸, 아주머니도 똑같이 오른손으로 밥을 집었지요.

"아빠, 왜 숟가락을 안 쓰고 손으로 밥을 먹어요? 집에 가서 엄마한테 다 이를 거예요."

내가 깜짝 놀라 소리치자, 아빠가 웃으며 말했어요.

"방글라데시 음식은 이렇게 먹어야 *제맛이란다. 너도 해 보렴. 참, 오른손으로 먹으렴. 왼손은 화장실 갈 때 쓰는 손이란다."

하지만 나는 고개를 옆으로 저었어요. 그러자 아주머니가 얼른 숟가락을 가져다주었지요.

제맛
음식 본래의 맛.

질문톡 윤이는 칸과 함께 무엇을 보았나요?
☐ 만화책 ☑ 앨범

질문톡 칸의 가족은 어느 손으로 음식을 집었나요?
☑ 오른손 ☐ 왼손

42

43

입맛
음식을 먹을 때 입에서 느
끼는 맛에 대한 감각.

문화
오랫동안 한 지역에서 함께
살아온 사람들로부터 전해
내려온 생활 방법, 종교, 예
술, 생각 등을 이르는 말.

존중하다
높이어 귀중하게 대하다.

나는 숟가락으로 카레처럼 생긴 반찬을 떠서 한 입 먹었어요. 그런데 늘 먹던 카레와 맛이 달라 얼굴을 찡그렸어요.

"욱, 맛이랑 냄새가 이상해요. 먹기가 힘들어요."

"*입맛에 맞지 않나 보구나. 이 사모사를 먹어 보렴."

그때 갑자기 칸이 큰 소리로 말했어요.

"흥, 맛이 이상하다고? 나도 김치 싫어!"

"뭐? 나는 이 반찬 싫어! 손으로 먹는 것도 지저분하다고!"

칸이 우리 음식을 공격하자, 나도 화가 나서 소리쳤어요.

그러자 아빠가 무섭게 말했어요.

"윤이야, 다른 나라 *문화도 *존중해야지. 어서 밥 먹어!"

나와 칸은 서로 도끼눈을 뜨고 노려보며 음식을 먹었어요.

그때 갑자기 아주머니가 소리쳤어요.

"어머, 눈이 오네! 칸, 저기 하얀 눈 좀 봐!"

"저게 눈? 우아, 신기하다!"

칸은 창문에 붙어서 눈을 떼지 않았어요. 나는 칸이 신기해서 쳐다보았어요.

그러자 아주머니가 말했어요.

"칸은 눈을 처음 본단다. 방글라데시는 더워서 눈이 안 오거든."

나는 우리나라가 낯선 칸에게 화를 낸 게 미안해서 먼저 손을 내밀었어요.

"칸! 우리 밖에 나가서 놀래?"

칸은 언제 화를 냈냐는 듯이 웃으며 나를 따라나섰지요.

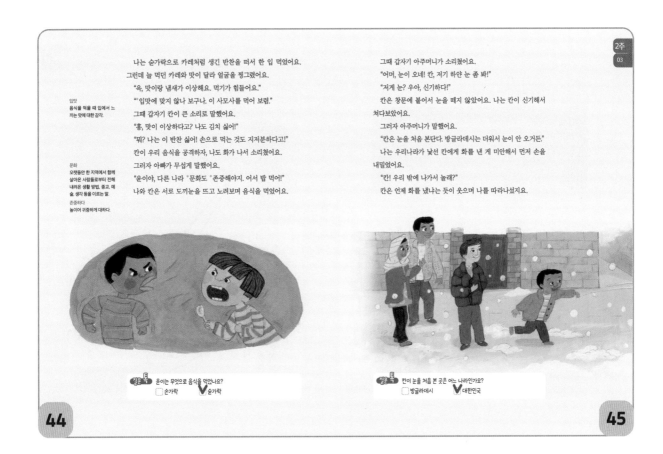

질문톡 윤이는 무엇으로 음식을 먹나요?
☐ 손가락 ☑ 숟가락

질문톡 칸이 눈을 처음 본 곳은 어느 나라인가요?
☐ 방글라데시 ☑ 대한민국

44

45

9

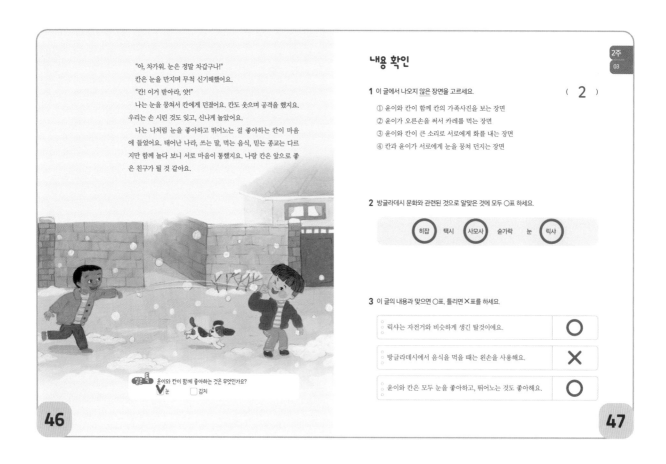

"아, 차가워. 눈은 정말 차갑구나!"
칸은 눈을 만지며 무척 신기해했어요.
"칸! 이거 받아라, 얏!"
나는 눈을 뭉쳐서 칸에게 던졌어요. 칸도 웃으며 공격을 했지요. 우리는 손 시린 것도 잊고, 신나게 놀았어요.
나는 나처럼 눈을 좋아하고 뛰어노는 걸 좋아하는 칸이 마음에 들었어요. 태어난 나라, 쓰는 말, 먹는 음식, 믿는 종교는 다르지만 함께 놀다 보니 서로 마음이 통했지요. 나랑 칸은 앞으로 좋은 친구가 될 것 같아요.

질문톡 윤이와 칸이 함께 좋아하는 것은 무엇인가요?
☑ 눈 ☐ 김치

46

내용 확인

1 이 글에서 나오지 않은 장면을 고르세요. (2)

① 윤이와 칸이 함께 칸의 가족사진을 보는 장면
② 윤이가 오른손을 써서 카레를 먹는 장면
③ 윤이와 칸이 큰 소리로 서로에게 화를 내는 장면
④ 칸과 윤이가 서로에게 눈을 뭉쳐 던지는 장면

2 방글라데시 문화와 관련된 것으로 알맞은 것에 모두 ○표 하세요.

(히잡) 택시 (사모사) 숟가락 눈 (릭샤)

3 이 글의 내용과 맞으면 ○표, 틀리면 ✕표를 하세요.

릭샤는 자전거와 비슷하게 생긴 탈것이에요.	○
방글라데시에서 음식을 먹을 때는 왼손을 사용해요.	✕
윤이와 칸은 모두 눈을 좋아하고, 뛰어노는 것도 좋아해요.	○

47

🔖 읽은 후
주제 다지기

인물
••• 이야기를 연극으로 꾸밀 때 필요한 등장인물을 모두 찾아 ○표 하세요.

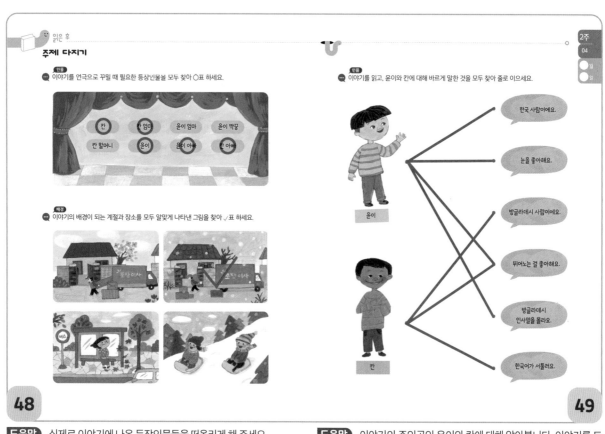

(칸) (칸 엄마) 윤이 엄마 (윤이 짝꿍)
칸 할머니 (윤이) (윤이 아빠) (칸 아빠)

배경
••• 이야기의 배경이 되는 계절과 장소를 모두 알맞게 나타낸 그림을 찾아 ✓표 하세요.

인물
••• 이야기를 읽고, 윤이와 칸에 대해 바르게 말한 것을 모두 찾아 줄로 이으세요.

윤이

칸

한국 사람이에요.

눈을 좋아해요.

방글라데시 사람이에요.

뛰어노는 걸 좋아해요.

방글라데시 인사말을 몰라요.

한국어가 서툴러요.

48

49

도움말 실제로 이야기에 나온 등장인물들을 떠올리게 해 주세요.
도움말 이야기의 배경이 되는 계절은 언제인지, 그리고 어디서 일어난 일인지 알아봅니다.

도움말 이야기의 주인공인 윤이와 칸에 대해 알아봅니다. 이야기를 토대로 두 사람의 다른 점과 닮은 점을 알 수 있습니다.

주제 다지기

순서 이야기를 읽고, 새 이웃이 이사 온 날 윤이가 한 일을 떠올리세요. 일이 일어난 순서에 맞게 빈칸에 번호를 쓰세요.

사건 칸을 만난 뒤, 윤이의 마음은 어떻게 바뀌었나요? 빈칸에 알맞은 표정을 그리고, 알맞은 설명을 찾아 ○표 하세요.

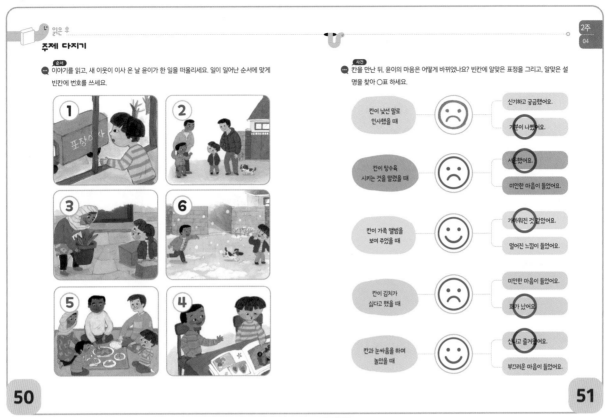

칸이 낯선 말로 인사했을 때 — 신기하고 궁금했어요. / 기분이 나빴어요.

칸이 탕수육 시키는 것을 말렸을 때 — 서운했어요. / 미안한 마음이 들었어요.

칸이 가족 앨범을 보여 주었을 때 — 가까워진 것 같았어요. / 멀어진 느낌이 들었어요.

칸이 김치가 싫다고 했을 때 — 미안한 마음이 들었어요. / 화가 났어요.

칸과 눈싸움을 하며 놀았을 때 — 신나고 즐거웠어요. / 부끄러운 마음이 들었어요.

도움말 이야기의 흐름을 알아봅니다. 이야기의 발단인 이사부터 시작해 어떤 일이 일어났는지, 어떤 결말을 맞이했는지 떠올리게 해 주세요.

도움말 칸을 만나면서부터 윤이가 느꼈던 감정의 변화를 알아봅니다. 윤이가 상황에 따라 어떤 기분을 느꼈는지 그림으로 표현하게 해 주세요.

읽은 후

2주
05

주제 다지기

내용 방글라데시를 소개한 글이에요. 빈칸에 알맞은 말을 보기 에서 찾아 쓰세요.

정리 빈칸에 알맞은 말을 넣어 이 글을 정리하세요.

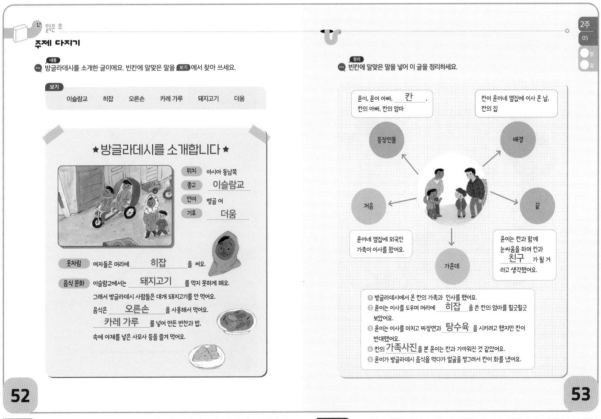

보기: 이슬람교 히잡 오른손 카레 가루 돼지고기 더움

★방글라데시를 소개합니다★

위치 아시아 동남쪽
종교 이슬람교
언어 뱅골 어
기후 더움

옷차림 여자들은 머리에 히잡 을 써요.

음식 문화 이슬람교에서는 돼지고기 를 먹지 못하게 해요.
그래서 방글라데시 사람들은 대개 돼지고기를 안 먹어요.
음식은 오른손 을 사용해서 먹어요.
카레 가루 를 넣어 만든 반찬과 밥,
속에 야채를 넣은 사모사 등을 즐겨 먹어요.

등장인물: 윤이, 윤이 아빠, 칸, 칸의 아빠, 칸의 엄마

배경: 칸이 윤이네 옆집에 이사 온 날, 칸의 집

처음: 윤이네 옆집에 외국인 가족이 이사를 왔어요.

끝: 윤이는 칸과 함께 눈싸움을 하여 칸과 친구 가 될 거 라고 생각했어요.

가운데:
① 방글라데시에서 온 칸의 가족과 인사를 했어요.
② 윤이는 이사를 도우며 머리에 히잡 을 쓴 칸의 엄마를 힐끗힐끗 보았어요.
③ 윤이는 이사를 마치고 짜장면과 탕수육 을 시키려고 했지만 칸이 반대했어요.
④ 칸의 가족사진 을 본 윤이는 칸과 가까워진 것 같았어요.
⑤ 윤이가 방글라데시 음식을 먹다가 얼굴을 찡그려서 칸이 화를 냈어요.

도움말 이야기에서 소개된 이웃 나라, 방글라데시에 대해서 알아봅니다. 이야기를 읽으며 놓쳤을 수도 있는 정보를 다시 확인합니다.

도움말 글을 도식화하여 요약 정리해 보는 문제입니다. 내용이 기억나지 않으면 글을 다시 읽어 보면서 알맞은 내용을 쓰도록 지도해 주세요.

생각 글쓰기

윤이가 한 행동 가운데 바르지 못한 것을 모두 찾아 ×표 하세요. 또 내가 윤이였다면 어떻게 했을지 상상해서 쓰세요.

잘 모르는 말이지만, 웃으면서 들어줄 거예요. 그리고 미소를 지으면서 먼저 인사를 할 거예요.

예 음식이 입맛에 맞지 않더라도 묵묵히 조금씩이라도 먹을 거예요.

예 힐긋힐긋 쳐다보지 않고, 무엇인지 물어볼 거예요.

외국인은 어떻게 대하는 게 좋을까요? 친구가 하는 질문을 보고, 내 생각을 쓰세요.

나와 생김새가 다른 외국인을 처음 보았을 때는?

그냥 자연스럽게 볼 거야. 힐긋힐긋 쳐다보거나, 수군대지 않을 거야.

도움이 필요한 외국인을 보았을 때는?

예 머뭇거리지 않고 바로 도울 거야.

거리에서 길을 묻는 외국인을 만났을 때는?

예 어른을 찾아 도와 달라고 할 거야.

외국과 함께 어울려서 먹거나 놀 때는?

예 거리낌 없이 어울려 놀 거야.

54

55

도움말 윤이가 한 행동에 대해 판단하고, 자신의 입장에서 어떻게 할지 자유롭게 써 봅니다.

도움말 외국인을 어떻게 대할지 자신의 생각을 써보는 활동입니다.

생각 깨우기

친구들이 직업에 대해 말하고 있어요. 직업에 대해 바르게 말한 친구와 잘못 말한 친구의 이름을 모두 쓰세요.

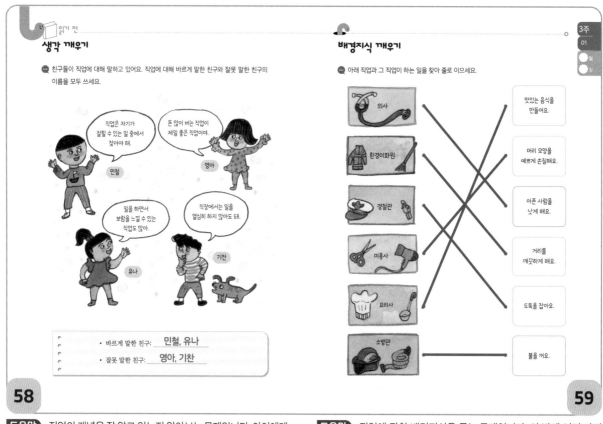

직업은 자기가 잘할 수 있는 일 중에서 찾아야 해.

민철

돈 많이 버는 직업이 제일 좋은 직업이야.

영아

일을 하면서 보람을 느낄 수 있는 직업도 많아.

유나

직장에서는 일을 열심히 하지 않아도 돼.

기찬

• 바르게 말한 친구: 민철, 유나
• 잘못 말한 친구: 영아, 기찬

배경지식 깨우기

아래 직업과 그 직업이 하는 일을 찾아 줄로 이으세요.

의사

환경미화원

경찰관

미용사

요리사

소방관

맛있는 음식을 만들어요.

머리 모양을 예쁘게 손질해요.

아픈 사람을 낫게 해요.

거리를 깨끗하게 해요.

도둑을 잡아요.

불을 꺼요.

58

59

도움말 직업의 개념을 잘 알고 있는지 알아보는 문제입니다. 아이에게 장래의 꿈이 무엇인지 물어보면서 자연스럽게 직업에 관한 다양한 생각을 해 보게 하는 것도 좋습니다.

도움말 직업에 관한 배경지식을 묻는 문제입니다. 이 밖에 여러 가지 직업에 대해서 아이와 이야기해 보세요.

읽기 전

배경지식 깨우기

독갑이와 함께 길을 따라가며 여러 종류의 직업을 알아보세요. 그리고 빈칸에 그 직업을 순서대로 쓰세요.

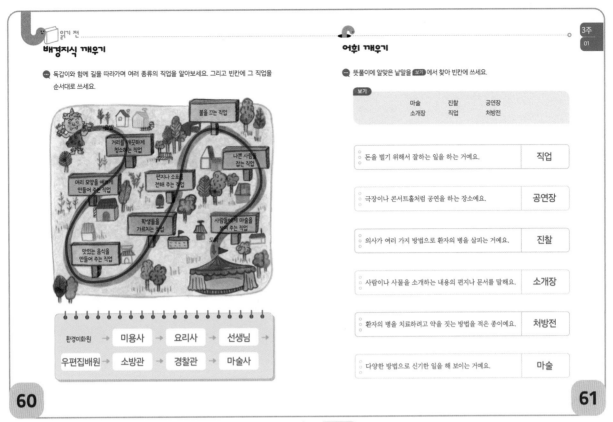

| 환경미화원 | 미용사 | → | 요리사 | → | 선생님 | → |
| 우편집배원 | 소방관 | → | 경찰관 | → | 마술사 | |

어휘 깨우기

뜻풀이에 알맞은 낱말을 보기 에서 찾아 빈칸에 쓰세요.

보기

| 마술 | 진찰 | 공연장 |
| 소개장 | 직업 | 처방전 |

돈을 벌기 위해서 잘하는 일을 하는 거예요.	직업
극장이나 콘서트홀처럼 공연을 하는 장소예요.	공연장
의사가 여러 가지 방법으로 환자의 병을 살피는 거예요.	진찰
사람이나 사물을 소개하는 내용의 편지나 문서를 말해요.	소개장
환자의 병을 치료하려고 약을 짓는 방법을 적은 종이예요.	처방전
다양한 방법으로 신기한 일을 해 보이는 거예요.	마술

도움말 풋말에 쓰여 있는 직업은 동화의 주인공인 독갑이가 마을에서 가졌던 직업들입니다. 교사 대신 선생님, 우편집배원 대신 우체부라고 해도 맞는 답입니다.

도움말 동화에 나오는 낱말들입니다. 뜻풀이를 통해 낱말을 이해하고 난 뒤, 새 낱말을 익힙니다.

60

61

주제 읽기

독갑이의 직업 찾기

아름드리
둘레가 한 아름이 넘는 것을 나타내는 말.

우거지다
풀이나 나무 등이 자라서 무성하다.

따분하다
재미가 없어 지루하고 답답하다.

직업
돈을 벌기 위해 잘하는 일을 하는 것

"아름드리 떡갈나무가 *우거진 깊은 숲속, 커다란 집에 도깨비들이 모여 살았어요.

"맛있는 음식 나와라! 뚝딱!"

"멋진 옷 나와라! 뚝딱!"

도깨비방망이만 두드리면, 뭐든 다 나왔어요.

도깨비들은 편하고 행복했어요. 단 한 도깨비 독갑이만 빼고요.

어느 날, 독갑이는 이렇게 말했어요.

"너희는 빈둥빈둥 노는 게 *따분하지도 않니? 난 사람들처럼 *직업을 갖고, 일하며 살고 싶어!"

도깨비들은 직업에 대해 이러쿵저러쿵 떠들었어요.

"흥! 청소하는 직업은 시시하고 뭐야!"

뭉당빗자루 도깨비가 *콧방귀를 뀌며 비웃었어요.

"머리카락을 잘라 주는 직업은 쓸데없고."

붓 도깨비는 *부스스한 머리를 가로저었지요.

"어유! 음식을 만들어 남 주는 직업은 진짜 불쌍해!"

장독 도깨비는 통통한 배를 감싸며 한숨을 내쉬었답니다.

그때 볼 도깨비가 불동을 튀기며 말했어요.

"불을 끄는 직업도 있어. 도깨비불은 절대 못 끄지만."

도깨비들은 와그르르 웃음을 터뜨렸지요.

그런데 장승 도깨비가 이러는 게 아니겠어요?

"직업은 사람들에게 아주 중요한 거야.

사람들은 직업이 있어야 먹고살 수 있거든."

콧방귀를 뀌다
아니꼽거나 못마땅하여 남의 말을 들은 체 만 체 말대꾸를 하지 않다.

부스스하다
머리카락이나 털 등이 몹시 어지럽게 일어나거나 흐트러져 있다.

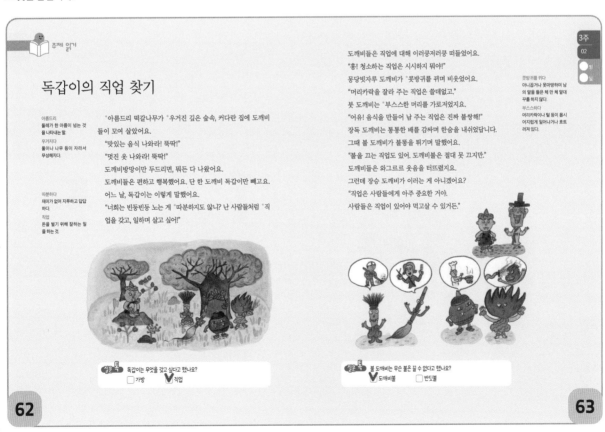

질문톡 독갑이는 무엇을 갖고 싶다고 했나요?
☐ 가방 ☑ 직업

질문톡 볼 도깨비는 무슨 불을 끌 수 없다고 했나요?
☑ 도깨비불 ☐ 반딧불

62

63

장승 도깨비는 오랫동안 마을을 지키며 살아서 마을 사람들이 하는 일에 대해서도 잘 알았어요. 도깨비들에게 이런저런 직업에 대해 들려주었지요.

독갑이가 부러운 얼굴로 말했어요.

"나도 사람들처럼 직업을 꼭 갖고 싶어요."

"그러냐? 그럼, 내가 °소개장을 써 주마! 마을로 가서 직업을 가져 보려무나."

독갑이는 장승 도깨비가 써 준 소개장을 들고 마을로 떠나면서 말했어요.

"내게 꼭 맞는 직업을 찾으면, 돌아오지 않을지도 몰라!"

°소개장
사람이나 사물을 소개하는 내용의 편지나 문서.

읽은톡 독갑이는 무엇을 들고 집을 떠났나요?
☑소개장 ☐ 청첩장

마을로 간 첫날, 독갑이는 환경미화원으로 일하게 되었어요.

환경미화원 아저씨가 쓱쓱 길을 쓸며 말했어요.

"쓰레기를 치워 온 동네가 깨끗해지면 정말 기분이 좋단다."

독갑이도 거리 청소를 시작했어요.

'꽤 힘든걸! 후다닥 끝내 버려야겠다!'

독갑이는 거칠게 °비질을 해 댔답니다.

"콜록콜록! 나한테 먼지를 뿌리면 어떡해요!"

길을 가던 사람들이 독갑이를 °나무랐지요.

청소를 마친 독갑이는 팔다리가 몹시 아팠어요.

'환경미화원 일은 힘들어서 못하겠어!'

°비질
빗자루로 바닥 등을 쓸어 내는 일.

°나무라다
상대방의 잘못이나 부족한 점을 꼬집어 말하다.

읽은톡 마을로 간 첫날에 독갑이는 어떤 직업을 가졌나요?
☐ 운전사 ☑환경미화원

이튿날, 독갑이는 소개장을 들고 미용실을 찾아갔어요. 미용실에서는 미용사가 손님의 머리카락을 자르고 있었어요.

"손님이 머리 모양이 예쁘다고 하면 정말 기분이 좋단다."

독갑이도 손님의 머리카락을 싹둑싹둑 자르기 시작했어요.

'이거 재미있는데! 이쪽도 자르고, 저쪽도 자르고!'

독갑이는 손님의 머리카락을 °뭉텅뭉텅 잘라 버렸답니다.

"어머! 머리가 이게 뭐예요! 난 몰라!"

손님이 °울상을 지었지요.

손님 머리를 엉망으로 만든 독갑이는 미용실에서 쫓겨났어요.

독갑이는 하는 수 없이 터덜터덜 집으로 돌아왔어요.

°뭉텅뭉텅
연달아 제법 크게 잘리거나 끊어지는 모양.

°울상을 짓다
울려고 하는 얼굴 표정을 짓다.

읽은톡 독갑이는 어디에서 쫓겨났나요?
☑미용실 ☐화장실

내용 확인

1 빈칸을 채워 이 글의 제목을 완성하세요.

독 갑 이 의 직 업 찾기

2 독갑이가 직업을 찾도록 돕고 소개장을 써 준 도깨비는 누구인지 고르세요. (3)

① 뭉당빗자루 도깨비
② 붓 도깨비
③ 장승 도깨비
④ 불 도깨비
⑤ 장독 도깨비

3 이 글의 내용으로 알맞지 않은 것을 고르세요 (4)

① 도깨비들은 직업이 없어도 살 수 있어요.
② 독갑이는 직업을 찾고 싶었어요.
③ 장승 도깨비는 마을 사람들이 하는 일에 대해 잘 알아요.
④ 독갑이는 미용사 일을 잘해서 칭찬을 받았어요.

다음 날, 독갑이는 소개장을 들고 식당을 찾아갔어요. 요리사가 갖가지 재료를 볶고, 굽고, 찌고 있었어요.

"손님들이 음식을 맛있게 먹으면 정말 기쁘단다."

독갑이도 음식을 만들기 시작했어요.

'소금을 넣을까? 간장을 넣을까?'

독갑이는 소금과 간장을 다 넣었답니다.

"아이고, 짜! 도무지 먹을 수가 없군!"

손님들이 얼굴을 찡그리며 음식을 남겼어요. 손님들이 남긴 음식을 보고 독갑이는 [*]시무룩해졌어요.

'내가 만든 음식이 맛이 없구나.'

시무룩하다
무언가 마음에 못마땅하여 말이 없고 얼굴에 언짢은 기색이 있다.

묻는톡 독갑이가 소개장을 들고 찾아간 곳은 어디인가요?
☐ 예식장 ✔ 식당

68

독갑이는 손님이 남긴 음식이 아까워서 몽땅 먹어 치웠어요. 음식이 너무 짜서 찬물을 열 잔도 넘게 [*]들이켰지요. 그랬더니 배가 몹시 아팠어요. 요리사가 독갑이를 병원에 데려갔어요.

의사는 독갑이의 몸을 요리조리 살피며 [*]진찰하고, 간호사는 독갑이를 돌보며, 진찰을 도왔지요.

독갑이는 의사가 써 준 [*]처방전을 들고 약국에 갔어요. 약사가 지어 준 약을 먹으니, 아픈 배가 싹 나았답니다.

'오! 아픈 사람을 치료해 주는 직업도 있구나! 하지만 내가 하기엔 너무 어려워 보여.'

독갑이는 힘없이 집으로 돌아가며 [*]중얼거렸어요.

"내가 할 수 있는 일이 정말 없을까?"

들이켜다
물이나 술 같은 액체를 단숨에 마구 마시다.

진찰하다
의사가 여러 가지 방법으로 환자의 병을 살피다.

처방전
환자의 병을 치료하려고 약 짓는 방법을 적은 종이.

중얼거리다
남이 알아듣지 못할 정도의 작고 낮은 목소리로 혼잣말을 자꾸 하다.

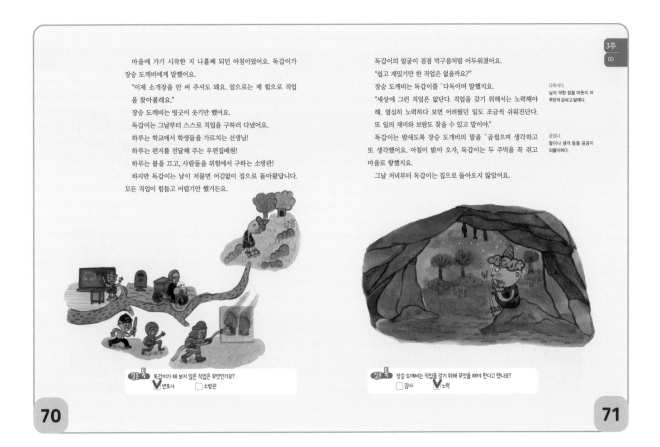

묻는톡 누가 독갑이를 진찰했나요?
✔ 의사 ☐ 약사

69

마을에 가기 시작한 지 나흘째 되던 아침이었어요. 독갑이가 장승 도깨비에게 말했어요.

"이제 소개장을 안 써 주셔도 돼요. 앞으로는 제 힘으로 직업을 찾아볼래요."

장승 도깨비는 빙긋이 웃기만 했어요.

독갑이는 그날부터 스스로 직업을 구하러 다녔어요.

하루는 학교에서 학생들을 가르치는 선생님!

하루는 편지를 전달해 주는 우편집배원!

하루는 불을 끄고, 사람들을 위험에서 구하는 소방관!

하지만 독갑이는 날이 저물면 어김없이 집으로 돌아왔습니다. 모든 직업이 힘들고 어렵기만 했거든요.

묻는톡 독갑이가 해 보지 않은 직업은 무엇인가요?
✔ 변호사 ☐ 소방관

70

독갑이의 얼굴이 점점 먹구름처럼 어두워졌어요.

"쉽고 재밌기만 한 직업은 없을까요?"

장승 도깨비는 독갑이를 [*]다독이며 말했지요.

"세상에 그런 직업은 없단다. 직업을 갖기 위해서는 노력해야 해. 열심히 노력하다 보면 어려웠던 일도 조금씩 쉬워진단다. 또 일의 재미와 보람도 찾을 수 있고 말이야."

독갑이는 밤새도록 장승 도깨비의 말을 [*]곱씹으며 생각하고 또 생각했어요. 아침이 밝아 오자, 독갑이는 두 주먹을 꼭 쥐고 마을로 향했지요.

그날 저녁부터 독갑이는 집으로 돌아오지 않았어요.

다독이다
남의 약한 점을 따뜻이 어루만져 감싸고 달래다.

곱씹다
말이나 생각 따위를 곰곰이 되풀이하다.

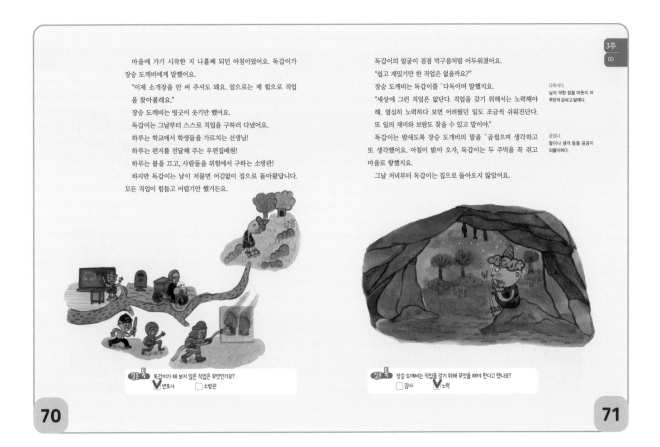

묻는톡 장승 도깨비는 직업을 갖기 위해 무엇을 해야 한다고 했나요?
☐ 감사 ✔ 노력

71

15

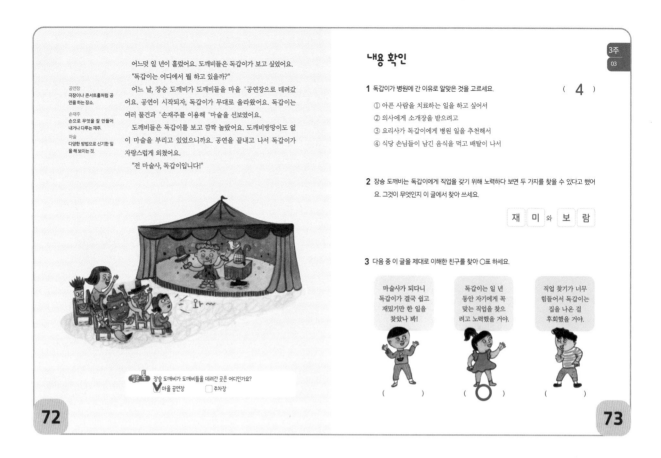

어느덧 일 년이 흘렀어요. 도깨비들은 독갑이가 보고 싶었어요.
"독갑이는 어디에서 뭘 하고 있을까?"
어느 날, 장승 도깨비가 도깨비들을 마을 °공연장으로 데려갔어요. 공연이 시작되자, 독갑이가 무대로 올라왔어요. 독갑이는 여러 물건과 °손재주를 이용해 °마술을 선보였어요.
도깨비들은 독갑이를 보고 깜짝 놀랐어요. 도깨비방망이도 없이 마술을 부리고 있었으니까요. 공연을 끝내고 나서 독갑이가 자랑스럽게 외쳤어요.
"전 마술사, 독갑이입니다!"

공연장
극장이나 콘서트홀처럼 공연을 하는 장소.

손재주
손으로 무엇을 잘 만들어 내거나 다루는 재주.

마술
다양한 방법으로 신기한 일을 해 보이는 것.

읽는 독 장승 도깨비가 도깨비들을 데려간 곳은 어디인가요?
☑ 마을 공연장 ☐ 주차장

72

내용 확인

1 독갑이가 병원에 간 이유로 알맞은 것을 고르세요.　　　　(4)

① 아픈 사람을 치료하는 일을 하고 싶어서
② 의사에게 소개장을 받으려고
③ 요리사가 독갑이에게 병원 일을 추천해서
④ 식당 손님들이 남긴 음식을 먹고 배탈이 나서

2 장승 도깨비는 독갑이에게 직업을 갖기 위해 노력하다 보면 두 가지를 찾을 수 있다고 했어요. 그것이 무엇인지 이 글에서 찾아 쓰세요.

재 미 와 보 람

3 다음 중 이 글을 제대로 이해한 친구를 찾아 ○표 하세요.

마술사가 되다니 독갑이가 결국 쉽고 재밌기만 한 일을 찾았나 봐!
( )

독갑이는 일 년 동안 자기에게 꼭 맞는 직업을 찾으려고 노력했을 거야.
(○)

직업 찾기가 너무 힘들어서 독갑이는 집을 나온 걸 후회했을 거야.
( )

73

읽은 후

주제 다지기

주제
이야기에서 가장 중요한 내용은 무엇인가요? 알맞은 것을 찾아 ☐ 안에 ✓표 하세요.

독갑이가 만든 음식은 맛이 없었어요. ☐

독갑이는 의사에게 진찰을 받았어요. ☐

독갑이는 열심히 노력하여 마술사가 되었어요. ✓

사건
독갑이는 집을 떠난 뒤 일 년 동안 무엇을 했을까요? 알맞은 것을 찾아 ○표 하세요.

인물
이야기에 나오는 등장인물을 모두 찾아 ○표 하세요.

아빠 도깨비 / 할아버지 / 독갑이 / 장승 도깨비
낫 도깨비 / 불 도깨비 / 몽당빗자루 도깨비

배경
이야기에 나오는 장소예요. 독갑이가 이곳에서 무엇을 했는지 빈칸에 쓰세요.

보기
음식　진찰　머리카락

독갑이가 손님의 머리카락 을 만지던 곳

독갑이가 음식 을 하던 곳　독갑이가 의사에게 진찰 을 받던 곳

74　　**75**

도움말 이야기의 중심 내용을 찾는 문제입니다.
도움말 집을 떠난 독갑이가 일 년 동안 무엇을 했는지 생각해 보는 문제입니다.

도움말 이야기에 등장하는 인물을 떠올려 보면서 문제를 풀게 해 주세요.
도움말 독갑이가 마을에서 한 일과 겪은 일 등을 떠올리면 알 수 있습니다.

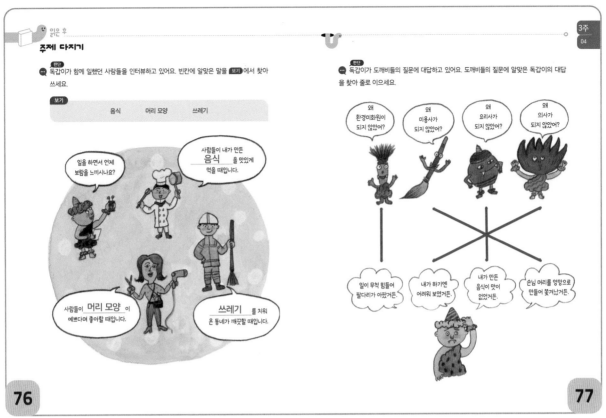

판단 독갑이가 함께 일했던 사람들을 인터뷰하고 있어요. 빈칸에 알맞은 말을 보기에서 찾아 쓰세요.

보기

음식   머리 모양   쓰레기

일을 하면서 언제 보람을 느끼시나요?

사람들이 내가 만든 음식 을 맛있게 먹을 때입니다.

사람들이 머리 모양 이 예쁘다며 좋아할 때입니다.

쓰레기 를 치워 온 동네가 깨끗할 때입니다.

판단 독갑이가 도깨비들의 질문에 대답하고 있어요. 도깨비들의 질문에 알맞은 독갑이의 대답을 찾아 줄로 이으세요.

왜 환경미화원이 되지 않았어?

왜 미용사가 되지 않았어?

왜 요리사가 되지 않았어?

왜 의사가 되지 않았어?

일이 무척 힘들어 팔다리가 아팠거든.

내가 하기엔 어려워 보였거든.

내가 만든 음식이 맛이 없었거든.

손님 머리를 엉망으로 만들어 쫓겨났거든.

76

77

도움말 일을 하면서 언제 보람을 느끼는지 알아보는 문제입니다. 먼저 무슨 일을 하는 사람인지 알아보게 한 뒤 문제를 풀게 해도 됩니다.

도움말 동화의 세부 내용을 파악하는 문제입니다. 독갑이가 직업을 선택하지 않은 이유가 기억나지 않는다면 이야기를 다시 한번 읽어 보고 확인하도록 지도해 주세요.

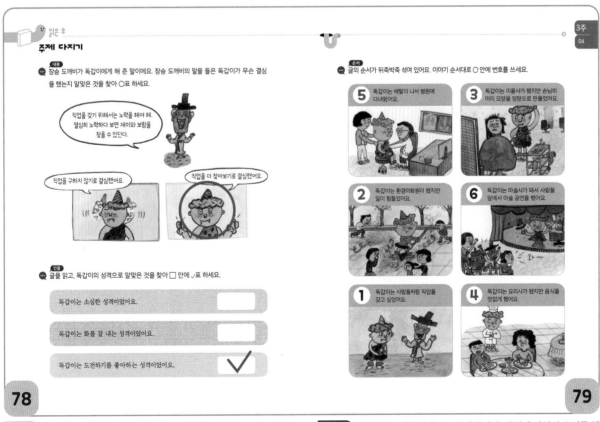

내용 장승 도깨비가 독갑이에게 해 준 말이에요. 장승 도깨비의 말을 들은 독갑이가 무슨 결심을 했는지 알맞은 것을 찾아 ○표 하세요.

직업을 갖기 위해서는 노력을 해야 해. 열심히 노력하다 보면 재미와 보람을 찾을 수 있단다.

직업을 구하지 않기로 결심했어요.

직업을 더 찾아보기로 결심했어요.

빈칸 글을 읽고, 독갑이의 성격으로 알맞은 것을 찾아 □안에 √표 하세요.

독갑이는 소심한 성격이었어요.

독갑이는 화를 잘 내는 성격이었어요.

독갑이는 도전하기를 좋아하는 성격이었어요.   ✓

순서 글의 순서가 뒤죽박죽 섞여 있어요. 이야기 순서대로 ○ 안에 번호를 쓰세요.

5 독갑이는 배탈이 나서 병원에 다녀왔어요.

3 독갑이는 미용사가 됐지만 손님의 머리 모양을 엉망으로 만들었어요.

2 독갑이는 환경미화원이 됐지만 일이 힘들었어요.

6 독갑이는 마술사가 돼서 사람들 앞에서 마술 공연을 했어요.

1 독갑이는 사람들처럼 직업을 갖고 싶었어요.

4 독갑이는 요리사가 됐지만 음식을 맛없게 했어요.

78

79

도움말 장승 도깨비의 충고를 듣고 독갑이가 어떤 결심을 했는지 유추해 보는 문제입니다.

도움말 독갑이의 말과 행동을 통해 성격을 파악하는 문제입니다.

도움말 사건의 순서를 알아보는 문제입니다. 아이가 사건의 순서를 헷갈려 하면 이야기를 다시 읽어 보면서 확인하게 해 주세요.

읽은 후

주제 다지기

사건
··· 독갑이가 가졌던 직업을 모두 찾아 □ 안에 ✓표 하세요.

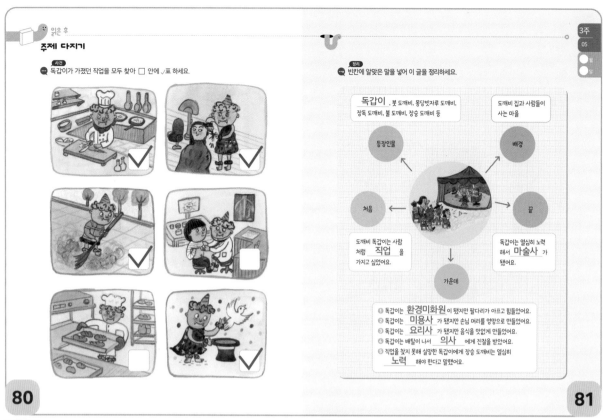

정리
··· 빈칸에 알맞은 말을 넣어 이 글을 정리하세요.

독갑이 , 붓 도깨비, 몽당빗자루 도깨비, 장독 도깨비, 불 도깨비, 장승 도깨비 등

도깨비 집과 사람들이 사는 마을

등장인물

배경

처음

끝

도깨비 독갑이는 사람처럼 직업 을 가지고 싶었어요.

독갑이는 열심히 노력해서 마술사 가 됐어요.

가운데

① 독갑이는 환경미화원 이 됐지만 팔다리가 아프고 힘들었어요.
② 독갑이는 미용사 가 됐지만 손님 머리를 엉망으로 만들었어요.
③ 독갑이는 요리사 가 됐지만 음식을 맛없게 만들었어요.
④ 독갑이는 배탈이 나서 의사 에게 진찰을 받았어요.
⑤ 직업을 찾지 못해 실망한 독갑이에게 장승 도깨비는 열심히 노력 해야 한다고 말했어요.

80

81

도움말 동화의 세부 내용을 파악하는 문제입니다. 독갑이가 가졌던 직업이 무엇이었는지 떠올리게 해 주세요. 빵 만드는 제빵사와 음식을 만드는 요리사는 조금 다른 직업이라는 것도 알려 주세요.

도움말 글을 도식화하여 요약 정리해 보는 문제입니다. 내용이 기억나지 않으면 글을 다시 읽어 보면서 알맞은 내용을 쓰도록 지도해 주세요.

읽은 후

생각 글쓰기

··· 장승 도깨비가 마술 공연을 끝낸 독갑이를 칭찬했어요. 다른 도깨비들은 독갑이에게 무슨 말을 했을지 상상해서 쓰세요.

··· 앞으로 내가 갖고 싶은 직업과 그 직업을 갖기 위해 어떤 노력을 할지 쓰세요.

82

스스로 평가하기 ☺ ☺ ☹ **83**

도움말 이야기를 읽어 보고, 등장인물의 상황과 마음에 공감해 보는 활동입니다. 만일 나라면 일 년 동안 노력하여 마술사가 된 독갑이에게 어떤 말을 해줄지 떠올려 보고, 이를 글로 써 보게 하세요.

도움말 장래 희망이 무엇인지, 그 일을 하기 위해서는 어떤 노력을 해야할지 말해 보게 한 다음, 그 내용을 다시 글로 쓰게 하세요

생각 깨우기

읽기 전

생활하면서 필요한 물건이에요. 무엇을 할 때 쓰는 물건인지 알맞은 그림을 보기 에서 찾아 빈칸에 번호를 쓰세요.

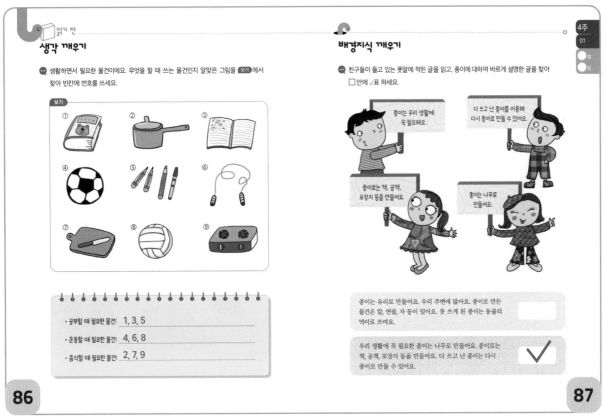

- 공부할 때 필요한 물건: 1, 3, 5
- 운동할 때 필요한 물건: 4, 6, 8
- 음식할 때 필요한 물건: 2, 7, 9

86

도움말 물건의 쓰임새를 물어보는 문제입니다. 문제에 나온 물건 말고도 우리가 생활하면서 필요한 물건은 무엇인지 떠올려 보고, 어디에 쓰는 물건인지 말해 보는 것도 좋습니다.

배경지식 깨우기

친구들이 들고 있는 팻말에 적힌 글을 읽고, 종이에 대하여 바르게 설명한 글을 찾아 □ 안에 ✓표 하세요.

종이는 우리 생활에 꼭 필요해요.

다 쓰고 난 종이를 이용해 다시 종이로 만들 수 있어요.

종이로는 책, 공책, 포장지 등을 만들어요.

종이는 나무로 만들어요.

종이는 유리로 만들어요. 우리 주변에 많아요. 종이로 만든 물건은 칼, 연필, 자 등이 있어요. 못 쓰게 된 종이는 동물의 먹이로 쓰여요.

우리 생활에 꼭 필요한 종이는 나무로 만들어요. 종이로는 책, 공책, 포장지 등을 만들어요. 다 쓰고 난 종이는 다시 종이로 만들 수 있어요. ✓

87

도움말 팻말에 적혀 있는 종이에 관한 여러 정보를 보고 쓴 짧은 설명문을 찾는 문제입니다. 아이들에게 팻말에 적힌 내용을 보고 종이에 대해 설명하라고 한 다음, 답을 찾게 하는 것도 좋은 방법입니다.

배경지식 깨우기

읽기 전

다음 그림을 보고, 수박이 우리 손에 오기까지의 과정에 대해 바르게 말한 친구를 찾아 ○표 하세요.

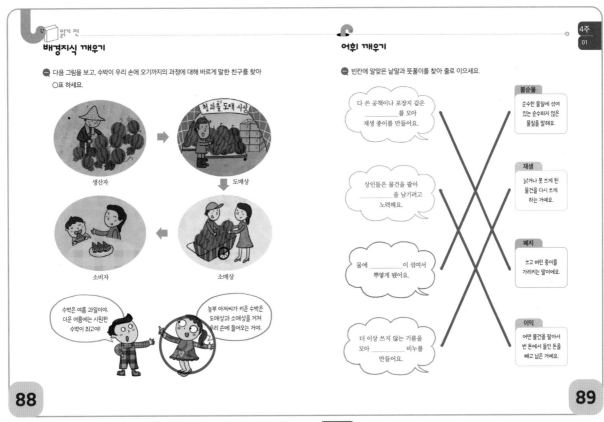

생산자

도매상

소비자

소매상

수박은 여름 과일이야. 더운 여름에는 시원한 수박이 최고야!

농부 아저씨가 키운 수박은 도매상과 소매상을 거쳐 우리 손에 들어오는 거야. ○

88

도움말 농산물인 수박의 유통 과정을 알아보는 문제입니다. 남자아이의 말도 틀린 말은 아니지만, 수박의 유통 과정을 묻는 문제의 의도를 파악하여 답하도록 지도해 주세요.

어휘 깨우기

빈칸에 알맞은 낱말과 뜻풀이를 찾아 줄로 이으세요.

다 쓴 공책이나 포장지 같은 _____를 모아 재생 종이를 만들어요.

상인들은 물건을 팔아 _____을 남기려고 노력해요.

물에 _____이 섞여서 뿌옇게 됐어요.

더 이상 쓰지 않는 기름을 모아 _____ 비누를 만들어요.

불순물
순수한 물질에 섞여 있는 순수하지 않은 물질을 말해요.

재생
낡거나 못 쓰게 된 물건을 다시 쓰게 하는 거예요.

폐지
쓰고 버린 종이를 가리키는 말이에요.

이익
어떤 물건을 팔아서 번 돈에서 들인 돈을 빼고 남은 거예요.

89

도움말 문장 속에 들어갈 낱말을 찾으면서 새로운 낱말과 뜻풀이를 알아봅니다.

물건이 우리 손에 오기까지

물건을 한꺼번에 많이 파는 도매상

매일 먹을 음식, 몸을 보호해 주는 옷과 신발, 공부하는 데 필요한 책과 공책 등 우리가 생활하는 데 필요한 물건은 아주 많아요. 그럼 이것들은 어떤 과정을 거쳐 우리 손에 들어올까요?

우리 손에 들어오는 대부분의 물건은 도매상과 소매상을 거쳐요. 도매상은 물건을 낱개로 팔지 않고 한데 묶어서 파는 가게나 상인을 말하죠. 도매상은 *생산지에서 많은 양의 물건을 싸게 사 와서 *이익을 남기고 소매상에 팔아요.

도매상들이 모인 곳을 도매 시장이라고 해요. 문구 도매 시장, 옷 도매 시장, *청과물 도매 시장 등 도매 시장은 종류가 다양해요.

생산지
어떤 물품을 만들어 내거나 그 물품이 저절로 생기는 곳

이익
어떤 물건을 팔아서 번 돈에서 들인 돈을 빼고 남은 것

청과물
신선한 과일과 채소 등을 어이르는 말

물건을 낱개로 파는 소매상

소매상은 물건을 생산자나 도매상에게서 사들인 뒤 직접 *소비자에게 파는 가게나 상인을 말해요. 소매상은 도매상과 달리 물건을 낱개로 팔아요. 문방구, 채소 가게, 슈퍼마켓, 편의점 등이 모두 소매상이에요.

우리가 직접 생산지나 도매 시장까지 가지 않아도 필요한 물건을 살 수 있는 것은 소매상 덕분이지요.

물건값은 생산지에서 도매상, 소매상을 거치면서 점점 비싸져요. 물건을 옮기는 *비용과 물건을 *보관하는 비용이 들고, 도매상과 소매상들도 이익을 남겨야 하기 때문이에요. 그래서 도매상과 소매상을 많이 거칠수록 물건값은 비싸답니다.

소비자
시장에서 판매되는 물건과 서비스 등에 적당한 대가를 내고 그것을 누리는 사람

비용
어떤 일을 하는 데 드는 돈.

보관하다
물건을 맡아서 간직하고 관리하다.

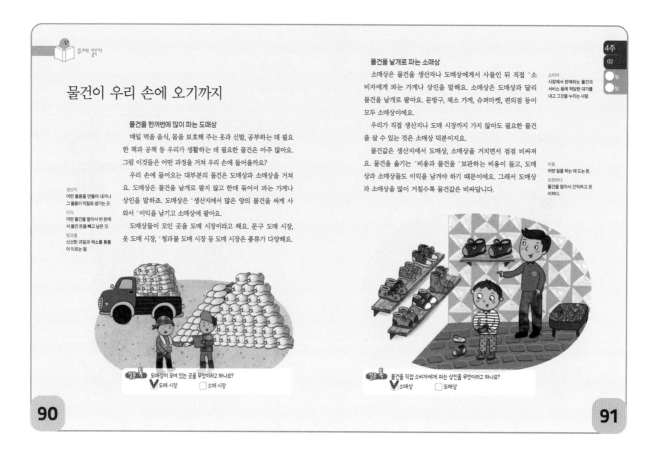

열공 톡톡 도매상이 모여 있는 곳을 무엇이라고 하나요?
☑ 도매 시장 ☐ 소매 시장

열공 톡톡 물건을 직접 소비자에게 파는 상인을 무엇이라고 하나요?
☑ 소매상 ☐ 도매상

90

91

구입하다
물건 등을 사들이다.

물건을 *구입하는 다양한 방법

물건이 우리 손에 들어오는 방법이 점점 다양해지고 있어요. 요즘은 시장이나 가게에 가지 않고 집에서 편하게 물건을 사는 경우가 많아요.

먼저 텔레비전이나 상품 안내서를 보고 집에서 전화로 물건을 주문하고 받는 홈 쇼핑이 있어요. 또 컴퓨터 인터넷으로 필요한 물건을 사는 사람도 많지요. 심지어 다른 나라에서 파는 물건을 인터넷으로 사기도 해요. 스마트폰이 있으면 언제 어디서나 필요한 물건을 주문할 수 있죠.

모두 교통과 통신이 발달했기 때문이에요. 지금도 교통과 통신은 끊임없이 발전하고 있어요. 앞으로 물건이 우리 손에 들어오는 방법은 더 새롭고 다양해질 거예요.

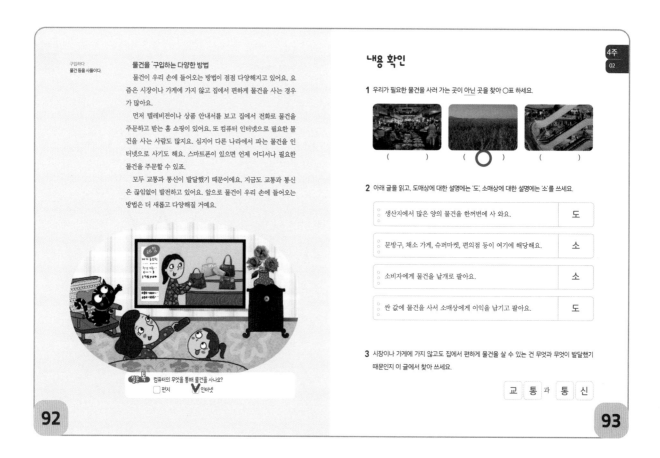

열공 톡톡 컴퓨터의 무엇을 통해 물건을 사나요?
☐ 편지 ☑ 인터넷

92

내용 확인

1 우리가 필요한 물건을 사러 가는 곳이 <u>아닌</u> 곳을 찾아 ○표 하세요.

( ) (○) ( )

2 아래 글을 읽고, 도매상에 대한 설명에는 '도', 소매상에 대한 설명에는 '소'를 쓰세요.

생산지에서 많은 양의 물건을 한꺼번에 사 와요.	도
문방구, 채소 가게, 슈퍼마켓, 편의점 등이 여기에 해당해요.	소
소비자에게 물건을 낱개로 팔아요.	소
싼 값에 물건을 사서 소매상에게 이익을 남기고 팔아요.	도

3 시장이나 가게에 가지 않고도 집에서 편하게 물건을 살 수 있는 건 무엇과 무엇이 발달했기 때문인지 이 글에서 찾아 쓰세요.

교 통 과 통 신

93

20

읽은 후
주제 다지기

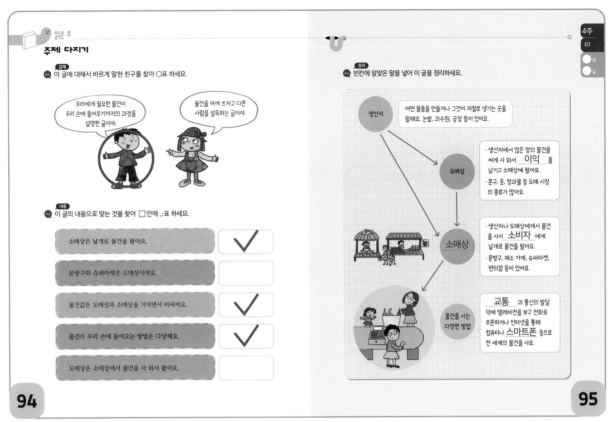

갈래
··· 이 글에 대해서 바르게 말한 친구를 찾아 ○표 하세요.

> 우리에게 필요한 물건이 우리 손에 들어오기까지의 과정을 설명한 글이야.

> 물건을 아껴 쓰자고 다른 사람을 설득하는 글이야.

내용
··· 이 글의 내용으로 맞는 것을 찾아 □안에 ✓표 하세요.

소매상은 낱개로 물건을 팔아요.	✓
문방구와 슈퍼마켓은 도매상이에요.	
물건값은 도매상과 소매상을 거치면서 비싸져요.	✓
물건이 우리 손에 들어오는 방법은 다양해요.	✓
도매상은 소매상에서 물건을 사 와서 팔아요.	

94

정리
··· 빈칸에 알맞은 말을 넣어 이 글을 정리하세요.

생산지 — 어떤 물품을 만들거나 그것이 저절로 생기는 곳을 말해요. 논밭, 과수원, 공장이 있어요.

도매상
· 생산지에서 많은 양의 물건을 싸게 사 와서 **이익** 을 남기고 소매상에 팔아요.
· 문구, 옷, 청과물 등 도매 시장의 종류가 많아요.

소매상
· 생산자나 도매상에게서 물건을 사서 **소비자** 에게 낱개로 물건을 팔아요.
· 문방구, 채소 가게, 슈퍼마켓, 편의점 등이 있어요.

물건을 사는 다양한 방법 — **교통** 과 통신의 발달 덕에 텔레비전을 보고 전화로 주문하거나 인터넷을 통해 컴퓨터나 **스마트폰** 등으로 전 세계의 물건을 사요.

95

도움말 글의 성격을 파악하는 문제입니다.
도움말 글의 내용을 잘 알고 있는지 확인하는 문제입니다. 지식을 묻는 것이 아니므로 아이가 어려워하면 다시 한번 읽어 보게 하세요.

도움말 글을 도식화하여 요약 정리해 보는 문제입니다. 내용이 기억나지 않으면 글을 다시 읽어 보면서 알맞은 내용을 쓰도록 지도해 주세요.

읽은 후
생각 글쓰기

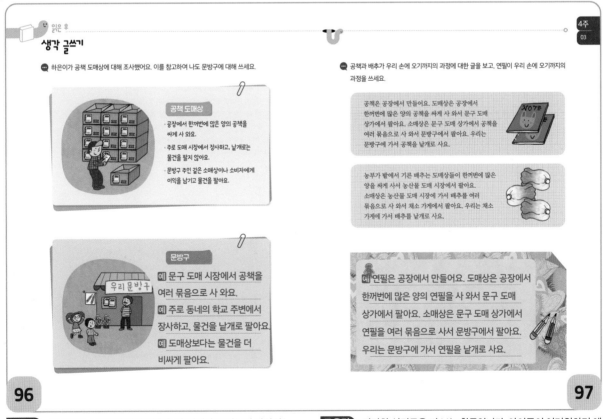

··· 하은이가 공책 도매상에 대해 조사했어요. 이를 참고하여 나도 문방구에 대해 쓰세요.

공책 도매상
· 공장에서 한꺼번에 많은 양의 공책을 싸게 사 와요.
· 주로 도매 시장에서 장사하고, 낱개로 물건을 팔지 않아요.
· 문방구 주인 같은 소매상이나 소비자에게 이익을 남기고 물건을 팔아요.

문방구
예 문구 도매 시장에서 공책을 여러 묶음으로 사 와요.
예 주로 동네의 학교 주변에서 장사하고, 물건을 낱개로 팔아요.
예 도매상보다는 물건을 더 비싸게 팔아요.

96

··· 공책과 배추가 우리 손에 오기까지의 과정에 대한 글을 보고, 연필이 우리 손에 오기까지의 과정을 쓰세요.

공책은 공장에서 만들어요. 도매상은 공장에서 한꺼번에 많은 양의 공책을 싸게 사 와서 문구 도매 상가에서 팔아요. 소매상은 문구 도매 상가에서 공책을 여러 묶음으로 사 와서 문방구에서 팔아요. 우리는 문방구에 가서 공책을 낱개로 사요.

농부가 밭에서 기른 배추는 도매상들이 한꺼번에 많은 양을 싸게 사서 농산물 도매 시장에서 팔아요. 소매상은 농산물 도매 시장에 가서 배추를 여러 묶음으로 사 와서 채소 가게에서 팔아요. 우리는 채소 가게에 가서 배추를 낱개로 사요.

예 연필은 공장에서 만들어요. 도매상은 공장에서 한꺼번에 많은 양의 연필을 사 와서 문구 도매 상가에서 팔아요. 소매상은 문구 도매 상가에서 연필을 여러 묶음으로 사서 문방구에서 팔아요. 우리는 문방구에 가서 연필을 낱개로 사요.

97

도움말 도매상과 소매상에 관한 내용을 잘 이해하고 있는지 파악하는 문제입니다. 아이가 어려워하면 소매상과 도매상이 나오는 부분을 읽어 보게 하세요.

도움말 간단한 설명문을 써 보는 활동입니다. 아이들이 어려워하면 예문에 제시된 공책 대신 연필을 넣어 글을 쓰도록 해 주세요. 생산지, 도매상, 소매상, 소비자 중심으로 글을 쓰도록 지도해 주세요.

종이가 만들어지기까지

종이의 시작

우리가 사용하는 종이는 언제 어디서 처음 만들어졌을까요? 지금까지 알려진 것에 따르면 105년쯤에 중국에서 채륜이라는 관리가 종이 만드는 법을 완성했다고 해요.

채륜은 나무껍질, *넝마, *어망 등을 돌절구에 찧어 죽처럼 만든 다음, 그것을 얇게 펴고 말려서 종이를 만들었어요.

처음에는 사람 손으로 한 장씩 만들었다가 종이 만드는 기계가 *발명된 뒤에는 긴 종이인 두루마리로 만들었지요.

넝마
낡고 해져서 입지 못하게 된 옷이나 이불 등.

어망
물고기를 잡는 그물.

발명
아직까지 없던 기술이나 물건을 새로 생각하여 만들어 내는 일.

질문톡 종이는 어디에서 처음 만들었나요?
☑중국 ☐유럽

종이의 재료는 나무

오늘날에도 종이는 대개 나무로 만들어요. 나무로 만들면 빠르고 값싸게 종이를 만들 수 있거든요. 종이는 어떤 나무로도 만들 수 있어요. 잎이 뾰족한 바늘잎나무도, 넓적한 넓은잎나무도 종이가 된답니다.

그럼 나무가 어떻게 종이로 바뀌는지 종이 만드는 과정을 살펴볼까요? 우선 숲속에서 수십 년 자란 아름드리나무를 베어 가지를 잘라내고 *양지바른 곳에 잘 쌓아서 햇볕에 말려요.

햇볕에 잘 마른 나무는 기계에 집어넣어 나무껍질을 벗기고, 잘게 잘라 작은 나뭇조각으로 만들지요.

양지바르다
땅이 볕을 잘 받게 되어 있다.

질문톡 나무를 기계에 집어넣어 무엇으로 만들었나요?
☐통나무 ☑나뭇조각

펄프 만들기

나뭇조각은 *화학 약품이 담긴 커다란 통 속에 넣어 삶아요. 그러면 나뭇조각은 죽처럼 끈적거리는 '펄프'가 돼요. 펄프에 섞인 *불순물을 걸러 내어 펄프를 깨끗하게 만들어요.

불순물을 걸러 낸 다음에는 질 좋은 종이를 만들려고 *녹말이나 *점토, 화학 약품을 섞기도 해요.

펄프에 어떤 재료를 섞느냐에 따라 반들반들한 종이, 잘 찢어지지 않는 종이, 물에 잘 젖지 않는 종이, 얇지만 비치지 않는 종이 등 다양한 종이를 만들 수 있어요.

화학 약품
물리학과 화학 실험에 사용되는 약품.

불순물
순수한 물질에 섞여 있는 순수하지 않은 물질.

녹말
감자, 고구마 등을 갈아서 가라앉힌 앙금을 말린 가루.

점토
작은 알갱이로 이루어진 부드럽고 차진 흙.

질문톡 나뭇조각을 죽처럼 만든 것을 무엇이라고 하나요?
☐펄프 ☐종이

펄프가 종이로

이제 펄프가 종이로 변신할 차례예요.

먼저 펄프를 그물망 위에 펴서 올려놓고 납작하게 눌러요. 납작하게 눌린 펄프는 여러 개의 원통을 지나면서 물기가 완전히 마르고 매끈매끈한 종이가 되어요.

원통을 통과한 종이는 커다란 두루마리가 되도록 말아요. 종이로 책 같은 물건을 만들 때는 두루마리를 잘라서 쓰지요.

종이로는 다양한 물건을 만들 수 있어요. 매끈하고 하얀 종이는 책과 공책을, 얇고 누런 종이는 신문을, 반들반들하고 빳빳한 종이는 쇼핑백을 만들어요.

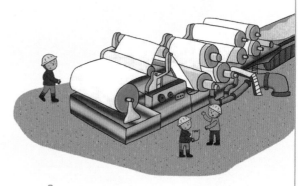

질문톡 펄프는 무엇을 통과하면서 물기가 마르고 매끈매끈해지나요?
☐두루마리 ☐원통

다 쓴 공책이 다시 종이로

한 번 읽고 버리는 신문, 선물을 포장하는 포장지와 쇼핑백 등 우리는 종이를 어마어마하게 많이 쓰고 버려요. 다 쓴 종이를 버릴 때는 꼭 *분리 배출을 해야 해요. *폐지는 다시 펄프로 만들어 새 종이를 만들 수 있거든요.

재활용 센터에 모인 폐지는 색깔과 질에 따라 나눈 다음, 화학 약품을 섞은 물에 넣어요. 종이에 인쇄된 잉크를 없애서 펄프를 깨끗하게 만드는 거예요. 이 펄프로 만든 종이를 '*재생 종이'라고 해요.

종이는 우리 생활에서 *떼려야 뗄 수 없는 중요한 물건이에요. 그러나 종이를 만들려면 수많은 나무를 베어야 하고, 여러 가지 화학 약품을 써서 환경을 오염시키기도 해요. 종이 한 장도 아껴서 나무와 환경을 보호하도록 해요.

분리 배출
쓰레기 등을 종류별로 나누어서 버리는 일.

폐지
쓰고 버린 종이.

재생
낡거나 못 쓰게 된 물건을 다시 쓰게 하는 것.

떼려야 뗄 수 없다
어떤 사물이나 사람, 현상 등의 관계가 매우 가까워 빈틈이 없다.

읽음독 폐지를 재활용하여 만든 종이를 무엇이라고 하나요?
☑ 재생 종이 ☐ 새 종이

102

내용 확인

1 아래 그림에서 종이로 만든 물건에 모두 ○표 하세요.

① 스케치북
③ 시계
② 공책
④ 크레파스
⑤ 책

2 다음 중 종이에 대한 설명으로 옳지 않은 것을 고르세요. (2)

① 맨 처음 종이를 만든 사람은 중국 사람인 채륜이라고 알려져 있다.
② 커다란 넓은잎나무가 아니면 종이를 만들 수 없다.
③ 나뭇조각에 화학 약품을 섞어 만든 펄프로 종이를 만든다.
④ 종이로 책과 공책, 신문, 쇼핑백 등 다양한 물건을 만들 수 있다.

3 보기 의 뜻에 해당하는 알맞은 낱말을 빈칸에 넣어 문장을 완성하세요.

보기
쓰레기 등을 종류별로 나누어서 버리는 일.

다 쓴 종이를 버릴 때는 꼭 | 분 | 리 | 배 | 출 |을 해야 해요.
폐지는 다시 펄프로 만들어 새 종이를 만들 수 있거든요.

103

읽은 후

주제 다지기

주제 ●●● 이 글에서 가장 중요한 말을 찾아 ○표 하세요.

| 펄프 | 폐지 | 나무 |
| 종이 | 포장지 | 재생 종이 |

갈래 ●●● 이 글에 대해서 바르게 말한 친구를 찾아 ○표 하세요.

종이가 만들어지는 과정을 설명하는 글이야.

종이를 만드는 사람들에게 감사하는 마음을 전하는 글이야.

종이는 나무로 만든다는 것을 광고하는 글이야.

104

정보 ●●● 종이가 만들어지기까지의 과정이에요. 빈칸에 알맞은 말을 보기 에서 찾아 쓰세요.

보기
펄프 나무 나뭇조각 종이

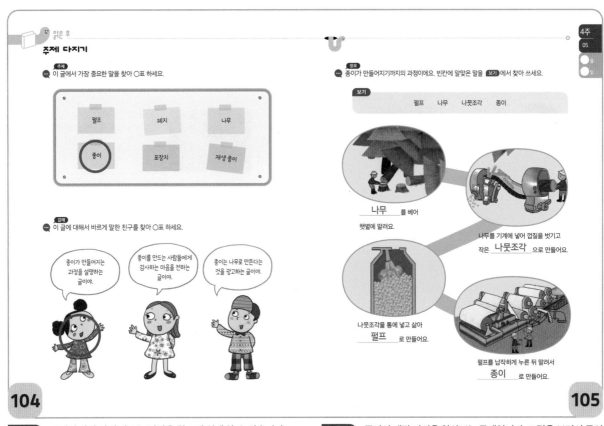

나무 를 베어 햇볕에 말려요.

나무를 기계에 넣어 껍질을 벗기고 작은 **나뭇조각** 으로 만들어요.

나뭇조각을 통에 넣고 삶아 **펄프** 로 만들어요.

펄프를 납작하게 누른 뒤 말려서 **종이** 로 만들어요.

105

도움말 글에서 가장 많이 나오는 낱말을 찾으면 쉽게 알 수 있습니다.
도움말 아이에게 설명문이 다른 사람에게 어떤 사실을 쉽게 설명하는 글이라는 것을 알려 주세요.

도움말 종이의 제작 과정을 알아보는 문제입니다. 그림을 보면서 글의 내용을 떠올려 보게 하세요. 아이가 잘 기억하지 못하면 종이가 제작되는 과정이 나오는 부분을 다시 읽어 보게 하세요.

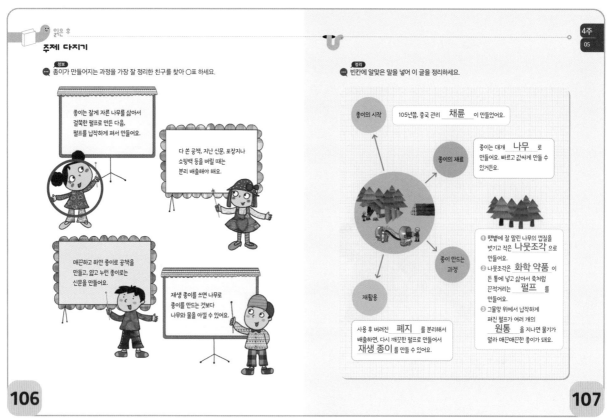

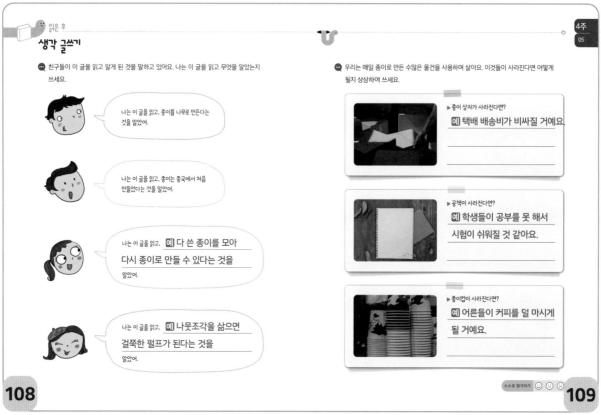

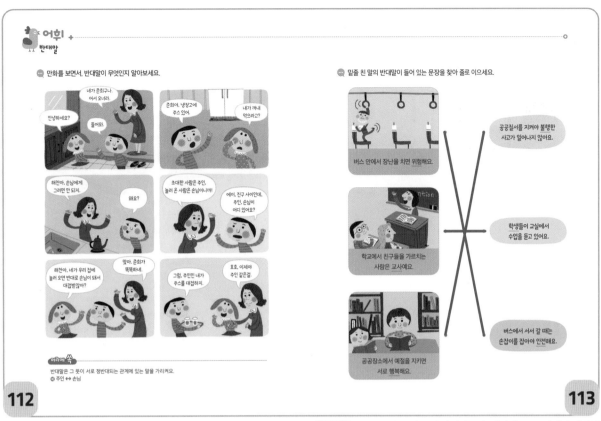

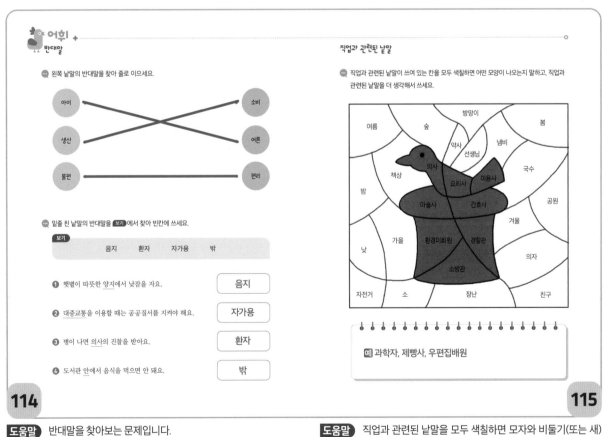

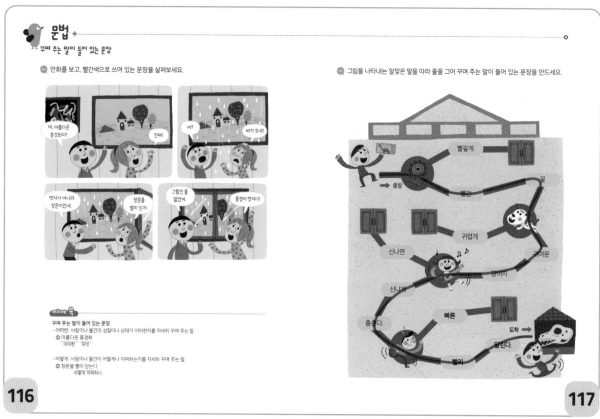

문법
꾸며 주는 말이 들어 있는 문장

만화를 보고, 빨간색으로 쓰여 있는 문장을 살펴보세요.

머릿속

꾸며 주는 말이 들어 있는 문장
· 어떠한: 사람이나 물건의 성질이나 상태가 어떠한지를 자세히 꾸며 주는 말.
예 아름다운 풍경화
어떠한   무엇

· 어떻게: 사람이나 물건이 어떻게나 어찌하는지를 자세히 꾸며 주는 말.
예 창문을 빨리 닫는다.
어떻게 어찌하다

116

그림을 나타내는 알맞은 말을 따라 줄을 그어 꾸며 주는 말이 들어 있는 문장을 만드세요.

117

도움말 그림을 보고 '어떠한 무엇'을 나타내는 말과 '어떻게 어찌하다'
를 나타내는 말이 되도록 알맞은 말을 찾습니다.

문법
꾸며 주는 말이 들어 있는 문장

보기 와 같이 '어떠한'에 해당하는 말을 찾아 ○표 하세요.

보기

도서관에서 재미있는 책을 봅니다.

① 박물관에는 신기한 물건이 많습니다.

② 조용한 도서관에서 떠들면 안 됩니다.

③ 달리는 버스에서는 손잡이를 잡아야 합니다.

④ 버스 안에서 큰 소리로 통화하지 맙시다.

⑤ 미술관에서 아름다운 그림을 봅니다.

118

보기 와 같이 '어떻게'에 해당하는 말을 찾아 ( )안에 ○표 하세요.

보기

도깨비들이   시끄럽게 (○)   떠듭니다.
             시끄러운 (   )

① 도깨비들이 집을   커다란 (   )   짓습니다.
                  커다랗게 (○)

② 독갑이가 머리를   예쁘게 (○)   자릅니다.
                  예쁜 (   )

③ 독갑이가 거리를   깨끗한 (   )   청소합니다.
                  깨끗하게 (○)

④ 요리사가 음식을   맛있는 (   )   만듭니다.
                  맛있게 (○)

⑤ 경찰관이 사람들을   안전하게 (○)   지켜 줍니다.
                    안전한 (   )

119

도움말 '어떠한'에 해당하는 말을 찾습니다.

도움말 '어떻게'에 해당하는 말을 찾습니다.

문법

꾸며 주는 말이 들어 있는 문장

보기와 같이 밑줄 친 말을 바르게 고쳐 쓰세요.

보기

소영이는 <u>모르게</u> 문제도 잘 풉니다.
→ 소영이는 <u>모르는</u> 문제도 잘 풉니다.

❶ 이것은 나무를 <u>자르게</u> 기계입니다.
→ 이것은 나무를 **자르는** 기계입니다.

❷ 도매 시장에는 <u>많게</u> 물건이 쌓여 있습니다.
→ 도매 시장에는 **많은** 물건이 쌓여 있습니다.

❸ 여기는 종이를 <u>만들게</u> 공장입니다.
→ 여기는 종이를 **만드는** 공장입니다.

❹ 나는 <u>두껍게</u> 종이로 상자를 만들었습니다.
→ 나는 **두꺼운** 종이로 상자를 만들었습니다.

❺ 배추를 싣고 <u>크게</u> 트럭이 달립니다.
→ 배추를 싣고 **큰** 트럭이 달립니다.

그림을 보고, 빈칸에 알맞은 말을 **보기**에서 찾아 쓰세요.

보기

곤히   잠자는   시끄럽게   재미있는   안전하게

❶ 젊은 여자가 **재미있는** 책을 읽습니다.

❷ 엄마는 **잠자는** 아기를 안고 있습니다.

❸ 아저씨가 **시끄럽게** 통화합니다.

❹ 운전기사가 **안전하게** 운전을 합니다.

❺ 남자아이가 의자에 앉아 **곤히** 잡니다.

120

121

도움말 '어떻게'를 '어떠한'으로 바꿉니다.

도움말 문장에 어울리는 꾸며 주는 말을 찾습니다.

글쓰기

편지

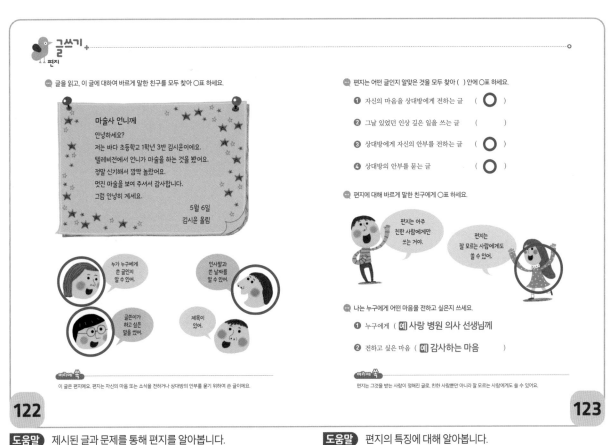

글을 읽고, 이 글에 대하여 바르게 말한 친구를 모두 찾아 ○표 하세요.

마술사 언니께

안녕하세요?
저는 바다 초등학교 1학년 3반 김시윤이에요.
텔레비전에서 언니가 마술을 하는 것을 봤어요.
정말 신기해서 깜짝 놀랐어요.
멋진 마술을 보여 주셔서 감사합니다.
그럼 안녕히 계세요.

5월 6일
김시윤 올림

누가 누구에게 쓴 글인지 알 수 있어.

인사말과 쓴 날짜를 알 수 있어.

글쓴이가 하고 싶은 말을 썼어.

제목이 있어.

편지는 어떤 글인지 알맞은 것을 모두 찾아 ( ) 안에 ○표 하세요.

❶ 자신의 마음을 상대방에게 전하는 글   (○)

❷ 그날 있었던 인상 깊은 일을 쓰는 글   ( )

❸ 상대방에게 자신의 안부를 전하는 글   (○)

❹ 상대방의 안부를 묻는 글   (○)

편지에 대해 바르게 말한 친구에게 ○표 하세요.

편지는 아주 친한 사람에게만 쓰는 거야.

편지는 잘 모르는 사람에게도 쓸 수 있어.

나는 누구에게 어떤 마음을 전하고 싶은지 쓰세요.

❶ 누구에게 (**예** 사랑 병원 의사 선생님께)

❷ 전하고 싶은 마음 (**예** 감사하는 마음)

머리에 쏙

이 글은 편지예요. 편지는 자신의 마음 또는 소식을 전하거나 상대방의 안부를 묻기 위하여 쓴 글이에요.

머리에 쏙

편지는 그것을 받는 사람이 정해진 글로, 친한 사람뿐만 아니라 잘 모르는 사람에게도 쓸 수 있어요.

122

123

도움말 제시된 글과 문제를 통해 편지를 알아봅니다.

도움말 편지의 특징에 대해 알아봅니다.

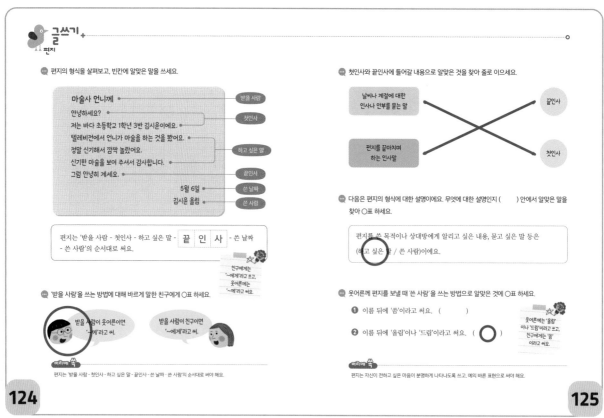

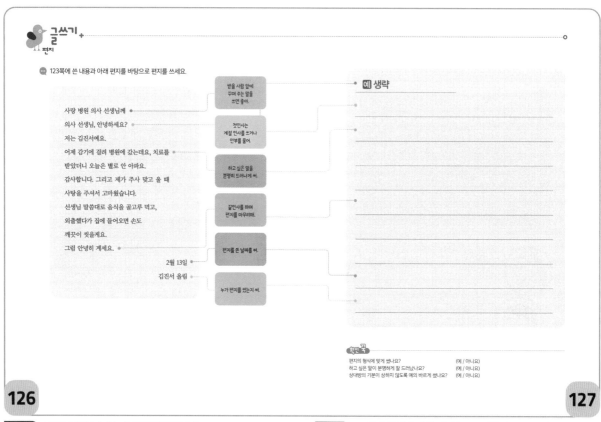

교과 주제로 시작하는

초등 메가 독서 논술

정답 및 예시 답안

메가스터디BOOKS

내용 문의 02-6984-6930 | 구입 문의 02-6984-6868, 9 | www.megastudybooks.com